核兵器廃絶への思い

―再び広島・長崎を繰り返すな―

上田紘治

天地人企画

まえがき

広島・長崎への原爆投下から一一年経過した一九五六年八月、被爆者の全国組織が誕生しました。被爆者はそれまでの最も救援の手を差し伸べて欲しい時期に長期間放置され続けた結果、偏見と差別が広がりました。健康不安と精神的・経済的に困難な生活を余儀なくされたのですが、私たちが選んだ道は、「再び被爆者をつくるな」「核兵器のない平和な社会を」、このことを国内社会・国際社会に一貫して訴え続けることでした。

そして、原爆投下から七二年経過した二〇一七年七月七日、国連で「核兵器禁止条約」が一二二ヵ国の多数で採択されました。その批准国が五〇ヵ国以上になったため、今年の一月二二日に国際条約として成立・発効しました。戦後七五年間、国際政治を支配してきた「核抑止論」がついに否定されるという、人類史上でも画期的な局面に遭遇できたのです。いったい何人の被爆者がこのような局面を予測し想像できたでしょうか！

私は、自らの体験と実感から〝核兵器の廃絶〟を使命として訴え続けてきましたが、本当に夢のようです。これまで「核兵器のない社会の実現を」と生涯をかけて訴え続け、この日を待たずにこの世を去られた多くの先輩被爆者に報告し、心から感謝したいという思いで胸がいっぱいです。

本書は、このような高揚のもとで、被爆者として歩んできた私の人生を振り返り、私なりの行動記録をまとめ、諸先輩はじめ多くの方々への〝中間報告〟としたいと考えて刊行するものです。

本書は、第Ⅰ部、第Ⅱ部の二部構成としました。第Ⅰ部「原爆被爆者として歩んできた人生」では、被爆から今日までの私の活動を時系列的にまとめてみました。とくに、二〇一三年以降は、私が力を込めて取り組んだテーマごとに構成してみました。

第Ⅱ部「ヒバクシャとしての海外での活動」では、これまで参加した海外での「被爆の実相」普及活動をまとめてみました。私が初めて海外での実相普及活動に参加したのは今から三九年前、四〇歳の時です。その後もすべて被爆者運動の活動の一環として参加してきました。おかげで記録が残っていた当時の日誌や報告書などを活用・加筆してまとめることができました。多少読みづらい体裁になっているかもしれませんが、残しておきたい行動記録という点では客観的事実であることは間違いありませんのでお許しください。

「被爆の実相」を一人でも多くの方たちに理解していただくこと、このことが平和につながる一番の近道であることは、被爆証言活動をしてきた私の体験からも確信しています。被爆体験を話す被爆者は五％と言われていますが、私の実感ではもっと少なく数パーセントです。被爆者にとって、当時のあの惨状を思い出し、まして他人に話すことなどは耐えがたい苦痛です。それでも被爆の実相を語る被爆者の思いを、一人でも多くの方たちが理解し受け止めていただくなら、こんなに嬉しいことはありません。

私の体験をまとめた本書が、被爆者の思いと運動への読者のご理解をひろめ、何らかのかたちでお役にたてることができますなら本望です。

私たちは核兵器禁止条約を大きな力にして、何よりも被爆者が生きている間に核兵器の廃絶を実現させなくてはいけません。

二〇世紀の負の遺産から、二一世紀に生きる人類は「武力では決して平和は実現しない」ことを共有し、皆さんと一層力を合わせて「平和で豊かな社会」を未来ある後世に受け渡したいと思っています。

二〇二一年四月

著者

目次

核兵器廃絶への思い——再び広島・長崎を繰り返すな

第Ⅰ部 原爆被爆者として歩んできた人生

第Ⅱ部　ヒバクシャとしての海外での活動

第 I 部

原爆被爆者として歩んできた人生

1 三歳の時、広島で原爆に遭遇

私は一九四二年二月一五日、広島市で上田家の長男として生まれました。本籍地は今でも「元柳町６（現在は中島町６）」で、現在の平和記念公園の中、爆心地から四〇〇メートルの範囲内にあります。

当時、この一帯は広島市では一番の繁華街で、父は繊維製品の卸業を営んでいたそうです。戦争中であったため家業は「平和産業」とのことでお取り潰しとなり、父は兵隊に召集されて商売もできなくなり、やむなく母の実家近くの可部町（現在は安佐北区）に転居しました。

そこは、市内を流れる太田川の上流一〇キロメートルの中国山脈寄りに入ったところです。母の実家は山林や広い田畑があり、食料が豊富であったことも転居の理由であったと母から聞きました。

運命のめぐりあわせでしょうか、もし、そのまま広島市内に留まっていたら、現在の私は存

爆心地のあとにつくられた現在の平和記念公園

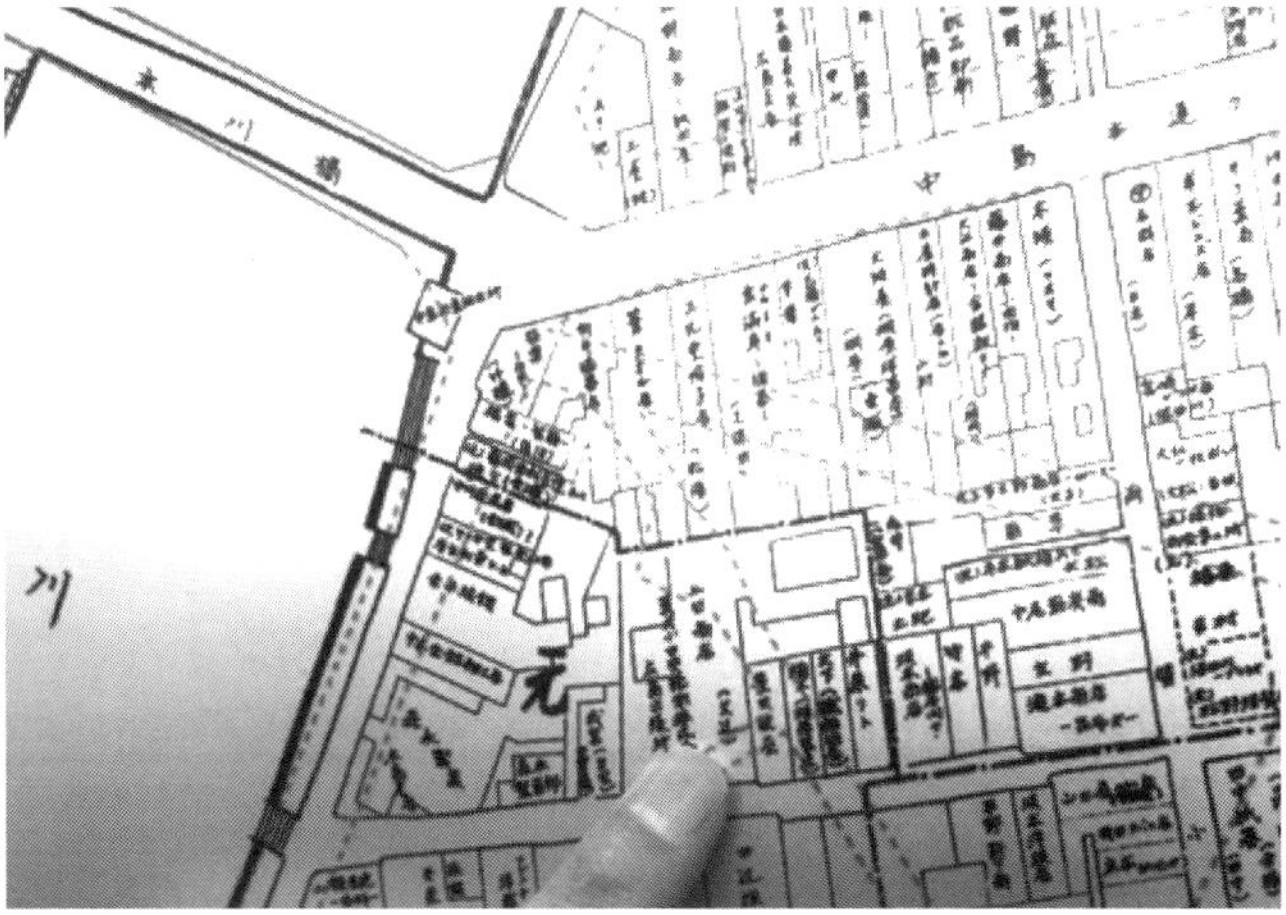

爆心地の住居復元図に「上田商店」の表示。左上は本川橋

出征中の父のために撮った家族写真（中央の私が2歳のとき）

在していなかったと思います。

わが家の両親はとても熱心な浄土真宗門徒で、京都の西本願寺にも足を運んでいます。広島は安芸門徒と言われるように、朝食の前には必ず仏壇に手を合わせ、夕食が済んで就寝する前には、家族が揃って父がお経を読み上げるのが日課でした。お経の意味は理解していませんが、当時、私は暗記でお経をすらすらと言えるくらいでした。日曜日には近くのお寺によく連れていかれましたが、住職さんの「殺生してはいけない」の言葉は子供心にも私を悩ませました。社会人になって帰郷するたびに母は、「信仰心のある人間になれ」と事あるごとに話していました。

母の話ですが、父は一九四三年春、中国に衛生兵として出兵し戦地に家族写真を送ったのですが、一九四五年秋、留守宅の自宅に帰り家族と三年ぶりに対面した父は、仏壇の前に座りお経をあげていたそうです。父が兵士として召集されたこと、原爆投下時に父は不在で母は二六歳、四歳の姉を頭に三人の子供を抱えていたことなど、当時を振り返って想像すると、ここまで育ててくれた両親には感謝しかありません。

広島平和記念資料館には、当時、爆心地・中島町に住んでいた人々の住居表が展示してありますが、そこに「上田商店」と表示してあることを後日、発見しました。

一九四五年八月六日、原爆が投下されたときは、祖母と縁側に寝転がって本を読んでもらっていました。突然の閃光と爆音に驚いて背負われ庭に連れ出された私は、上空から舞い落ちる落下傘（パラシュート）を見て「お月様だ！」と叫んだそうです。当然、その直前に猛烈な爆音や閃光があり、また「黒い雨」も降り注いでいますが、私にはそれらの記憶がありません。

広島には原爆投下とともに落下傘が四個投下されました。一個は開かず、残りの三個がわが家の上空を通り過ぎて五キロメートルくらい先の大毛寺の河原や山林に落下しました。「ラジオゾンデ」と言われる気象観測器で、原爆がさく裂した時の気象を観測する機能を持ったものです。長さ一メートル弱、直径約二〇センチの円筒形をしたものです。当時、落下した現場には男たちが竹やりを持って駆け付けた、と母から聞きました。現在、落下した二か所には「落

「原爆犠牲者の碑」（安佐北区亀山）

下傘の落ちた地点」と記された原爆犠牲者の慰霊碑が建てられています。

母は、原爆を受けた人々が徒歩で逃れ、やっとの思いでたどり着いたお寺や学校、幼稚園などの収容場所に連日行って救援活動に従事しました。当時、薬など全くなく、傷口に一夜にしてわく蛆虫を割りばしで取り除くだけでした。多くの人は翌日には亡くなり、死体を重ねて河原でガソリンをかけて燃やすのですが、中にはまだ息のある方もいて、大声を発するまま燃やされたと折に触れ話してくれました。

物資も無く人出不足の中、救援活動に参加するのは、主に被爆者が収容された付近に住むご婦人たちだけでした。母は二歳の妹を連れて連日救援活動に参加したのですが、救援活動に従事したことで「三号被爆者」に認定されました。私は、母に連れられ広島市内に入った「入市二号被爆者」ですから、母は「二号被爆者」でもあります。

＊　東京大学教授の渡邉英徳先生が主宰されているWebサイトに「ヒロシマ・アーカイブ」というのがあります（二〇一一年開設）。デジタル・マップの画面上に被爆者の顔写真がその被爆地点で立体的に張り付いていて、クリックするとその人の体験談が出るようになっています。私の体験談も前出の家族写真とともに収録されています。現在、二〇〇〇人以上の被爆者の証言が、簡単な操作で閲覧できる大変すぐれたサイトです。被爆当時の悲惨な状況がつぶさにわかります。ぜひアクセスしてみてください。

広島・長崎に投下された原爆で、その年の暮れまでに亡くなった人々は二一万人（±一万人）です。原爆投下直後の九月に広島・長崎を訪れた米軍高官トーマス・ファーレル准将は「死すべき人は死に、後は何も問題はない」と米国政府に報告しました。被爆者に全く援助の手を差し伸べることなくその後一二年間も放置したことや、毎年一〇万人余の検査を続けるABCC（現在の「放射線影響研究所」）は検査すれども治療はいっさいしなかったなど、様々な事実経過を見ると、原爆投下は限りなく「人体実験」そのものであったと考えています。

爆心地付近の元広島県産業奨励館（現在の「原爆ドーム」）

爆心地上空からの写真（米軍撮影）

当時の戦況から見ても、一九四五年になると日本軍は戦える戦力は持ち合わせていませんでした。三月一〇日の東京下町大空襲では一〇万人余の犠牲者、三月二六日から唯一日本で地上戦があった沖縄戦では四人に一人、沖縄南部では二人に一人が亡くなり、全国で二〇〇ヶ所と言われる都市が、連合軍による空襲をほしいままにされましたが全く抵抗することは出来ず、降伏は時間の問題でした。

戦況を熟知する連合国の軍部は、原爆投下の必要性には否定的な意見が支配的でした。対日戦争遂行上の指導者であったダグラス・マッカーサー陸軍大将も同じ考えでした。

原爆投下は当初、一九四五年春先に連続して投下する計画でしたが開発が間に合わず、同年五月のドイツ降伏後、戦後のあり様を話し合うポツダム会談前日の七月一六日にニューメキシコ州アラモゴードの砂漠で原爆（プルトニューム原爆）の実験に成功するのですが、「手術は今朝執行された」の成功の暗号文が会談に臨む米国代表に届き歓喜したとのことです。広島・長崎への原爆投下は、戦後の世界の指導権を確保したい米国の思惑が色濃く反映したものであったと思っています。

マンハッタン計画で作った三個の原爆は、残りの二個が八月六日に広島（ウラン原爆）、同九日には長崎（プルトニューム原爆）に投下され、全て使用されました。

こうした歴史の事実からも、現在、世界に一万三四〇〇発余あると言われる核兵器は削減ではなく、全て廃絶することが被爆者の主張です。

2 被爆手帳の取得と平和運動・被爆者運動への関わり

●「被爆手帳」の取得

私は一九六〇年、いわゆる「安保の年」に一八歳で上京しました。当時は、高度経済成長時代。決して東京に行きたかったわけではありませんが、一人で生活をしたいという思いが強く、当初は私が長男であることもあって両親とも翻意を促しましたが、最終的には同意を得て東京に住みついてしまいました。

上京してから数年後、まだ私は独身でしたが、母と妹が被爆手帳（「被爆者健康手帳」）を取得したことを知りました。私の職場は業界一の自動制御・計測器メーカーであり定期的に実施される健康診断では異常はなく、とくに被爆手帳取得の必要性を感じることなく過ごしていました。ただ、なんとなく私も被爆者なんだと初めて実感しました。二九歳で結婚したのですが、結婚前に相手には自分が被爆している事実を伝えました。

私が被爆手帳を取得したのは定年間近になった一九九八年、五六歳の時でした。原爆投下後二週間以内に決められた地域に入市した「二号被爆者」です。

「被爆者」の定義は一号から四号まであり、「一号被爆者」は約四キロ以内で直爆を受けた人（長崎は東西七キロ、南北一二キロ）、「三号被爆者」は放射線を体中に浴びた被爆者の救援活動に従事した人、「四号被爆者」は当時、胎児として母親の胎内に宿り翌年の五月三一日までに生まれた広島の人、六月三日までに生まれた長崎の人です。

母は「二号・三号被爆者」、妹は「三号被爆者」に該当します。母は八六歳までとくに被爆の影響を感じさせることなく生涯を終えました。一歳年下の妹はピアノ講師を本職としていましたが数年前から認知症となり治療を受けています。

二〇二〇年三月現在で、一号から四号までの被爆者数は一三万六千人余、平均年齢は八三歳を超えました。一九八〇年に三七万人余の被爆者が在籍していましたが、被爆七五年で最大時の三分の一となりました。

一九五六年八月、長崎で全国の被爆者組織「日本原水爆被害者団体協議会（日本被団協）」が結成されて以来、「再び被爆者をつくるな」「核兵器のない平和な社会を」と訴え続けていますが、残された時間もわずかとなりました。

一瞬にして全てを失った被爆者が「報復」を否定するまでには、当然ですが激しい議論と一定の時間が必要でした。指導された先輩の方たちの努力には感謝しかありません。二〇年前にある国の大統領が「報復だ」と発言してアフガニスタンに武力行使をしましたが、もしこれと同様に「報復」の立場をとっていたら、世界で現在のような被爆者の社会的評価は生まれなかったことは確実です。その意味で、地球上では残念なことに今なお武力紛争が絶えませんが、世界の指導者たちは被爆者の精神をくみ取ってほしいと強く思っています。

●一九八二年、国連軍縮特別総会への地域代表に選ばれて……

私が平和運動・被爆者運動に生涯関わろうと心したのは四〇歳の時、一九八二年六月にニューヨークで開かれた第二回国連軍縮特別総会（ＳＳＤⅡ）への日本からの代表団に、武蔵野市の地域代表二人のうちの一人として選出されたことがきっかけです。

当時、まだ「被爆手帳」を持たず被爆者としての自覚がなかった私がなぜ選出されたのか、今でもわかりません。記者会見の様子が大きく新聞報道され、数百人の方たちが集まった壮行会が開かれ、地域代表としての挨拶で初めて、「私の母と妹は被爆者」ですと公言しました。

日本からの代表団は市民団体・平和団体など広範な各界各層を網羅した約一四〇〇人が予

むさしの　1982年(昭和57年)4月18日　日曜日　朝日

国連で核廃絶の訴え

武蔵野の被爆者ら二人

武蔵野市の代表に選出された２人について報じる「朝日新聞」(1982年４月18日付) の記事

定されていましたが、当時のレーガン米大統領は平和を語る人々の米国への入国を妨害し、主に東京からの代表団の二〇〇人以上にビザの発給を許可しませんでした。

入国できなかった代表はやむなくカナダやドイツなどに行き先を変更し、これらの国での反核行動に参加することになりました。私はカナダのバンクーバー、トロント、モントリオールに行き、もう一人の方――武蔵野市の被爆者組織の会長さんでしたが――はヨーロッパに行って、それぞれ現地の平和団体や地域の方たちと交流をしました（この時の詳細は本書第Ⅱ部で紹介します）。

参加資金を得るため武蔵野市の吉祥寺繁華街の街頭で被爆のパネルを展示し、マイクを持ってカンパを訴えるなど、初めての体験をしましたが、二人分の資金にとって余りある寄付金が集まるような時代でした。

●被爆者組織での活動

被爆手帳を取得して間もなくの一九九九年、私は仕事は現役でしたが、地元八王子市の被爆者団体「八王子市原爆被爆者の会（八六九会《ハチロク》）」事務局長に就任しました。

同時に、東京都の被爆者団体である「東京都原爆被害者団体協議会（東友会）」の事務局次長にも就任しました。

新たな組織に加われば、当然ですが知らないことが多々あることは自然なことです。役を持てば責任も伴いますので、私は分らないことや理解できないことをそのままにしないで、会議などではよく質問しました。そんなことから、他の人よりも目立った存在であったことが役を担わされた原因ではないかと思っています。

被爆者組織は県単位ですが、「東友会」の組織は他の道府県と違い、都内各自治体単位で「被爆者の会」が組織され、それぞれの会が東京の会合に参加する協議会組織です。被爆者数も広島・長崎、福岡、大阪（現在は福岡に次ぐ）に次ぐ大きな組織です。

当時、組織があっても休眠状態の地区の会が七つ、未組織の地区の会が七つありました。私は、皆さんの協力を得ながら、休眠状態の七つの地区の会を順次立ち上げ、次に、全ての未組織の地区に新たに会の組織を作りました。粘り強く被爆者の自宅を訪問し、話をよく聞き、役員体制を確立して総会にこぎつけたのですが、組織化するまで数年かかりました。具体的に成果が挙がったことは喜びでした。

●定年後、「NPT再検討会議」参加などで四度の訪米

私は、上京以来四二年間、六〇歳の定年まで転職することなくメーカー一社で勤務を終えました。定年後は、被爆者団体「東友会」の役員をしていたこともあって、被爆者運動・平和運動に生涯かかわるつもりでした。

しかし、定年直前の二〇〇二年三月、思いがけず継続して勤務するよう上司から話しがあり、迷いましたが四二年間も勤めた会社でもあり、引き続き働くことにしました。しかし、被爆者運動・平和運動への思いは強く、六カ月後の九月に退職することにしました。当時の上司は「いつでも帰って来い」と言ってくれ、真意は別としても驚きの方が先に立ったことを覚えています。余談ですが、その頃の職場は新宿センタービル49階にある見晴らし抜群の事務所に五年間通っていたのですが、都心の空気は淀んでおり、澄んで東京港まで見渡せたのは月に一

度か二度といった状態でした。

二〇〇二年九月に定年退職した後、念願の被爆者運動・平和運動に専念することになりました。とくに、海外に行って被爆の実相を語る活動は、私にとって貴重な体験となりました。

二〇〇三年にはオマハとワシントンＤＣへの訪問、二〇〇五年は五月のニューヨークでの核不拡散条約（ＮＰＴ）再検討会議への参加、同年八月に原爆開発に関わった地ロスアラモスへの訪問、二〇一〇年にはニューヨークでのＮＰＴ再検討会議への二度目の参加など、これまで四度、被爆の実相を話すために米国を訪問する機会がありました（本書の第Ⅱ部でそれらの詳細を紹介します）。

二〇〇三年の訪米時は、各地で連日、朝、昼、夜とスケジュールはぎっしりで、放送機関への生出演や高校・大学、教会、退役軍人会などの場で話す機会を与えられました。二〇年前のＳＳＤⅡに参加した時と比べて、米国内での被爆者に対する見方が急速に大きく変わっていることを実感し、歴史の進歩を強く実感しました。

二〇〇五年のＮＰＴ再検討会議に参加した時は、セントラルパークから国連本部まで被爆者が先頭に立って横断幕を大きく広げデモ行進しましたが、終結場所には美味しい日本食がたくさん用意されていて感動したことを鮮明に覚えています。

これらの訪米時の特徴は、被爆の実相を話した会場や、ラジオ番組出演時など、何処でも必ず「パールハーバーをどう考えているか」という質問が出ることです。私は、「日本の加害責任は事実である」と謝罪し、しかし、罪なき一般市民の多くが犠牲になった原爆投下はそれとは別の次元の問題であると問いかけて原爆被害の凄惨な実相を話しました。話し終わると、全ての方が私の周りに集まりハグしてくれます。ここに人間のすばらしさがあると感じています。

もう一つの特徴は、学校での体験ですが、話し終わると生徒から質問の挙手が限りなく上がることです。先生からは、適当に切り上げないとエンドレスですよと言われました。

マンハッタン計画で化学部門の責任者、「原爆の父」と言われたオッペンハイマーが卒業した高校の先生と話した時、「なぜ、そのようになるのか、物事の本質を見抜くことを教育の基本にしている」と学校教育の方針が話されました。私はその話を聞きながら、日本は決してアメリカには追い付けないと思いました。その差を具体的に実感できるのは、日本の学校では被爆の実相を話し終えて、質問の挙手をする生徒はごく少数だということです。

オッペンハイマーが卒業した高校の授業料は年間三〇〇万円を超すエリート校、父親も祖父も同じ高校の卒業生でした。彼は、原爆が投下されたことを後悔し、その後の水爆の開発に反対し、アインシュタインとともに核兵器の廃絶に取り組みました。そのためか、マッカーシーの「赤狩り」で公職を追放され、生涯ＦＢＩ（連邦捜査局）の監視下に置かれ、六二歳で喉頭がんのため自宅で死去しました。

二〇一八年、ニューヨークでオッペンハイマーが住んでいた高層マンションを下から眺める機会がありました。七〇年以上も前に建てられ、今でも変わらない高層住宅を見ながら国力の差をつくづく実感しました。

●「被爆の実相」普及活動

被爆者として初めて「被爆の実相」を話したのは、被爆手帳を取得して間もなくの一九九九年、前述のように東京の被爆者団体の役員になったことがきっかけです。

東友会役員に就任して間もなく、会長から被爆の実相を語るよう要請されました。役員になったとはいえ、被爆の記憶もなく初めての体験ですから話す内容を十数項目の箇条書きにしたＡ４判二枚を会長に提出したのですが、会長からは何の

明治学院大学で被爆実相報告会（2009年）

コメントもありませんでした。腹をくくって、その原稿を基に出版組合の役員の方々を前に一時間余話したことが最初です。

今でもその時の原稿要旨を基本に話しをしていますが、その後の調査や研究の成果など、情勢に合わせて加筆などして活用しています。

その会場で、「先生！」と発言された方がいました。私は、この場にどこかの先生が参加されているのだと思ったのですが、実は私の事を「先生」と呼んだのでした。生涯、今まで「先生」と呼ばれたことは唯一この時だけです。

●原爆症認定集団訴訟の取り組み

二〇〇〇年七月、国の原爆症認定申請却下処分の取り消しを求めた訴訟で長崎被爆者の松谷英子さんは、最高裁で勝利判決を勝ち取りました。その報告集会が翌年開かれ、関西の弁護士の方が「被爆者一人一人に原爆症認定を勝ち取るには一〇〇年かかる」「集団で提訴するしかない」と発言されました。

当時、原爆症認定とされた被爆者は一％にも満たない数千人と狭き門で、実態とは全く乖離していました。これを契機に、二〇〇三年、全国一五地裁で三〇七名の被爆者が原告となった原爆症認定集団訴訟が始まりました。

各地裁の判決は、勝訴に次ぐ勝訴の連続で、勝訴判決三〇勝、ついに時の麻生総理は二〇〇九年八月六日、広島で国は控訴を取り下げ、原告被爆者の勝利が確定しました。

行政訴訟で勝訴を勝ち取ることは非常に困難なことだそうですが、勝訴の大きな要因は、国が唯一基準にしている被爆線量推定方式（ＤＳ86）は直爆のみを考慮し、外部被爆、内部被爆を無視していることを裁判官が認めたことです。ＤＳ86とは、広島・長崎に投下された原子爆弾による被ばくの線量を日米の専門家が共同で作成した評価方式です。国はその後、ＤＳ86を手直しして現在はＤＳ02を基準にしていますが、肝心の内部被爆を現時点で調べることは不可能なことで、基本的には直爆のみを評価したＤＳ86と変わらないと思っています。

厚労省前での抗議要請行動

原爆症認定制度は裁判を通じて国との和解が成立し、被爆者サイドに大きく道は開けたのですが、残念なことに今でも個別に裁判が続いています。原爆症認定制度は依然として狭き門にかわりなく被爆者一三万六千人余中の七〇〇〇人余、以前と比べて若干の枠が増えた程度となっています。厚労省は実態に合わせて認定するのではなく、予算の範囲に閉じ込めようとしているとしか思えません。

●地元、八王子での活動

つぎに、八王子での活動に触れます。当時、市内に一〇〇校を超える小・中学校があり、教育の場で被爆者の声を聴いてほしいと思い、二年の歳月をかけてすべての小・中学校を訪問しました。その結果、証言依頼は若干増えましたが、期待するほどでの依頼はありませんでした。

また、二〇〇五年の被爆六〇年の節目の

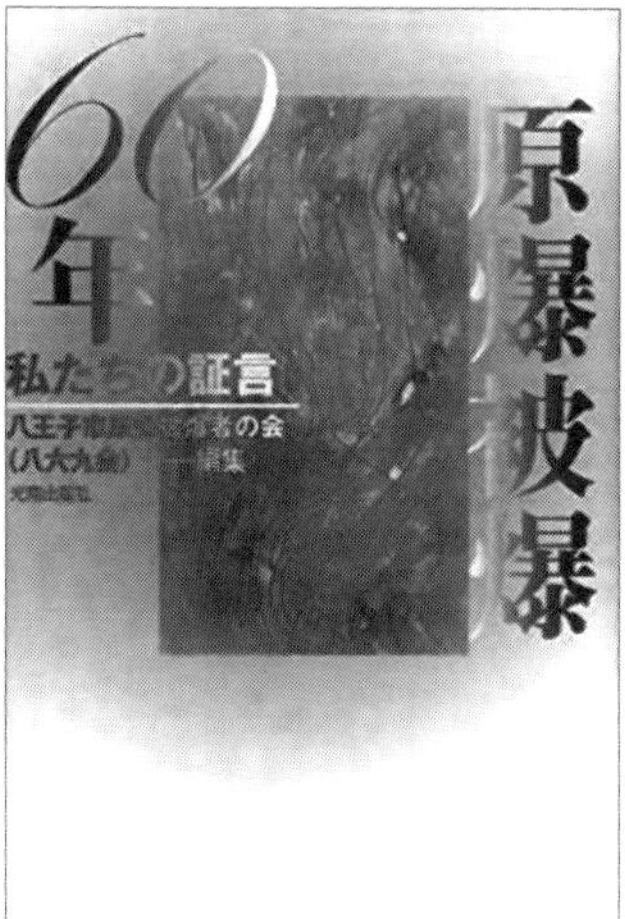

『原爆被爆 60 年』（2005 年 6 月、光陽出版社刊）

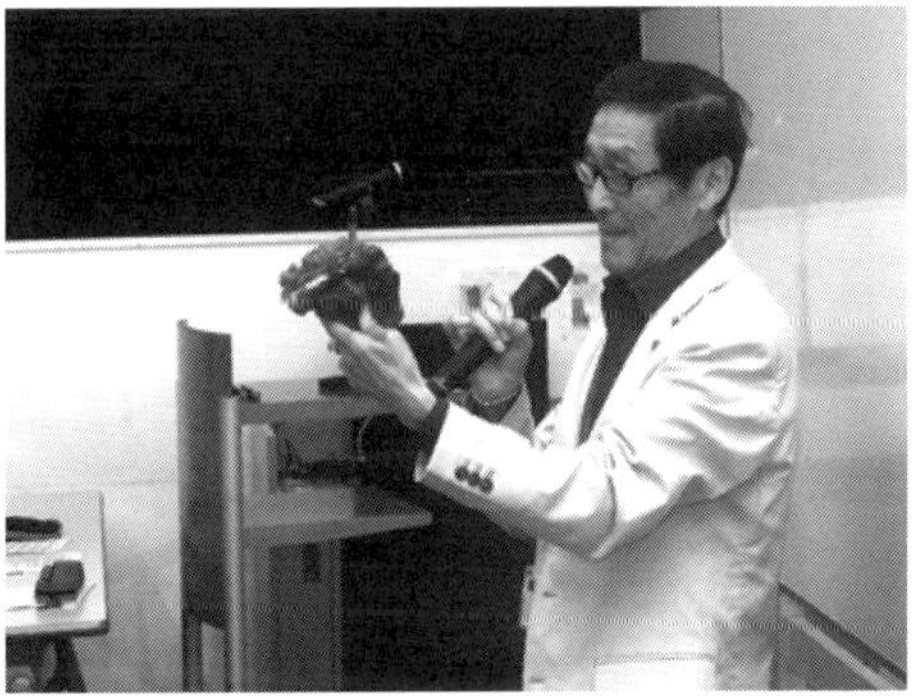
八王子学園で原爆瓦を片手に被爆の実相を語る

学校での実相普及活動で生徒たちから寄せられたたくさんの感想文

年に、広島被爆者二四名、長崎被爆二三名、計四七名の方から手記をもらって八王子市原爆被爆者の会編『原爆被爆六〇年——私たちの証言』として出版し、全ての小・中学校に贈呈しました。

また、証言の要請を受けた各学校の授業の現場で被爆の体験を話している一〇名の被爆者をビデオに収録・編集し、これも全ての小・中学校に贈呈しました。

事務局長という立場から、ご本人の体験を手記にしてもらうためにお願いの要請をするのですが、話しかけると「思い出して今晩眠れない」とおしかりを受けたことも多々あります。これが被爆者です。体験を話す被爆者は五％と言われていますが、私の体験ではもっと少ないと実感しています。

口では表現することができないこの世の地獄を体験した当時の様子を思い出し、他人に語ることはとてもつらいことです。被爆地広島・長崎を離れて、二度と郷里には帰らないと語る先輩にも出会いました。

一人でも多くの先輩方に語ってもらいたくて、個別にお願いもしました。私と二人だけの会話ではその時の様子を詳しく話すのですが、生徒さんの前では自分が体験した厳しい場面は決して話しませんでした。

生徒の前で話す途中、大声で泣き出す高齢の男性被爆者、涙で声を詰まらせながら話す被爆者も決して珍しくはありません。

もし私が記憶がある被爆者でしたら、今のように人前で話せるかは自信がありません。記憶がないからこそ、母から聞いたこ

『「八六九会」のあゆみ』（2008年発行）

と先輩から聞いたこと本から学んだことなど、私なりに理解できた所を取り込んで話していま す。それでも実相に触れる局面になると胸が熱くなります。

二〇〇八年一月、八六九会結成四〇周年として『「八六九会」の歩み』を発刊しました。

八王子市の被爆者組織が最初に誕生したのは一九五九年の暮れで「八南被爆者の会」です。町田市と八王子市の二つの市にまたがっていましたが、その後、一九六六年に分離独立し「町田被爆者の会」と「八六九会」となりました。会の名付け親は、当時の東友会会長・伊東壮さん（山梨大学学長）です。

●体調を崩し、フリーの活動へ

二〇一三年、私は体調を崩したこともあり、十数年間在籍した被爆者組織から離れ、現在はフリーとなりました。

二〇一四年三月には胃がんの手術、二〇二〇年五月には膀胱がんの手術を受けたのですが、二人に一人が癌の時代、私は二号被爆でもあり被爆とは関係ないと考えていました。しかし、胃がんの時から肺にも影があり、現在も経過観察中ですが、こうしてみると被爆の影響を否定できないのか……とも考えています。

主治医の先生の話ですが、膀胱がんは手術後半年で再発した方もあるように、再発の可能性が高いとのことです。被爆者の癌の特徴は再発ではなく同時多発が特長です。被爆者に癌はつきもの、この年まで生きながらえて、「癌よ、いつでも来い。核兵器が亡くなるまでは死なないぞ！」と思っています。

原爆被爆で人体への「直爆」の研究は一定程度ありますが、「内部被爆」や「低線量被爆」の研究は、唯一、世界で最も権威があるとされている国際放射線防護委員会（ＩＣＲＰ）にも正確には記述されていません。現在、国・厚労省が基準とする「二〇〇二年線量推定方式（ＤＳ02）」にも内部被爆・低線量被爆は考慮されていません。その後の研究では、同じ線量ですと外部被爆よりも内部被爆の方がはるかに人体に与える影響は大きいとされています。「ホットスポット」と呼ばれる集中被曝、被曝した細胞だけでなくその周辺の細胞も異常が起きるという「バイスタンダー効果」、同じ線量なら一時的に吸収するよりも長時間にわたって吸収した方が影響は大きいとされる「ペトカウ効果」などです。

地球上ではチェルノブイリ原発事故や福島第一原発事故などが起き、核物質による人体への影響が危惧されますが、核兵器や原子力発電などの核物質と人類は決して共存できないし、安全基準も無意味で限りなくゼロと思っています。

原発から出るプルトニュームや使用済み核燃料棒の処分の方法はありません。ガラス固化にして地中深く約四〇〇メートルに一〇万年保存するのが唯一の処分方法で、現在フィンランドに地球上唯一の処分場が一ヶ所ありますが、一〇万年後の人々が、今の言語を理解できるかが議論になっています。

太陽光や水力、風力など環境にやさしい自然エネルギーの活用に政策を切り替えることが重要と思っています。

体調を崩して二〇一三年から被爆者組織の活動からフリーになった私は、核兵器廃絶の思いは変わらず、マイペースながらさまざまな課題に取り組んできました。

以下の各項で、そのうちの主な取り組みを紹介したいと思います。①映画「アオギリにたくして」の上映活動、②八王子平和・原爆資料館の取り組み、③被爆証言の外国語への翻訳出版の取り組み、④伊方原発運転差止め裁判の原告団の一員としての取り組み、⑤沖縄・辺野古新基地建設反対行動への支援活動、⑥「ヒバクシャ国際署名」の取り組みなどです。

また、二〇一八年にはピースボートの「おりづるプロジェクト」で世界一周・証言の航海に参加したこと、二〇一九年にはベトナムを訪問し枯葉剤被害者支援と交流の機会をもてたことなど、海外にも行くことができました。これらは第Ⅱ部で紹介します。

3 映画『アオギリにたくして』の上映活動に取り組む

●制作者中村里美さんとの出会い

広島原爆の被爆者・沼田鈴子さんの前半生をモデルにした映画『アオギリにたくして』が完成したのは二〇一三年七月でした。その一年前、映画を制作した「ミューズの里」の企画・統括プロデューサーであるシンガーソングライターの中村里美さんと出会ったことは、私のその後の生き方をかなり決定的なものにしました。

音楽監督でもあるジャズ・ギタリストの伊藤茂利さんと組んで二〇〇八年八月六日から始めた一〇〇〇回開催を目指すピース・ライブをしている彼女と新宿の会場で初めて出会ったのですが、その時、被爆者でもなく若くて素敵な中村里美さんが、被爆者・沼田鈴子さんの前半生をモデルにした映画作成のために、経験もなく半端ではない資金を集めるという話をされ、驚きと共に強く心を惹きつけられました。

当時、広島にある実家が空き家となっていたことから、撮影隊の宿に提供することを申し出て、二〇一二年八月六日、広島の平和式典会場から撮影を開始して完成した映画です。

沼田鈴子さんは、被爆により左脚を失い絶望に陥ったところを、被爆アオギリを見て生きる希望を取り戻し、その後、爆心地から一・三キロメートルの元広島逓信局の中庭から広島平和記念公園に移植された〈被爆樹アオギリ〉の傍で、三〇年間にわたって修学旅行生を対象に被爆の実相を語り続けた方で、『アオギリの語り部』として知られていますが、二〇一一年七月に八七歳で亡くなられました。

沼田鈴子さん（1986年撮影）

中村里美さんが沼田鈴子さんと出会ったのは一九八六年です。沼田鈴子さんも映っている原爆

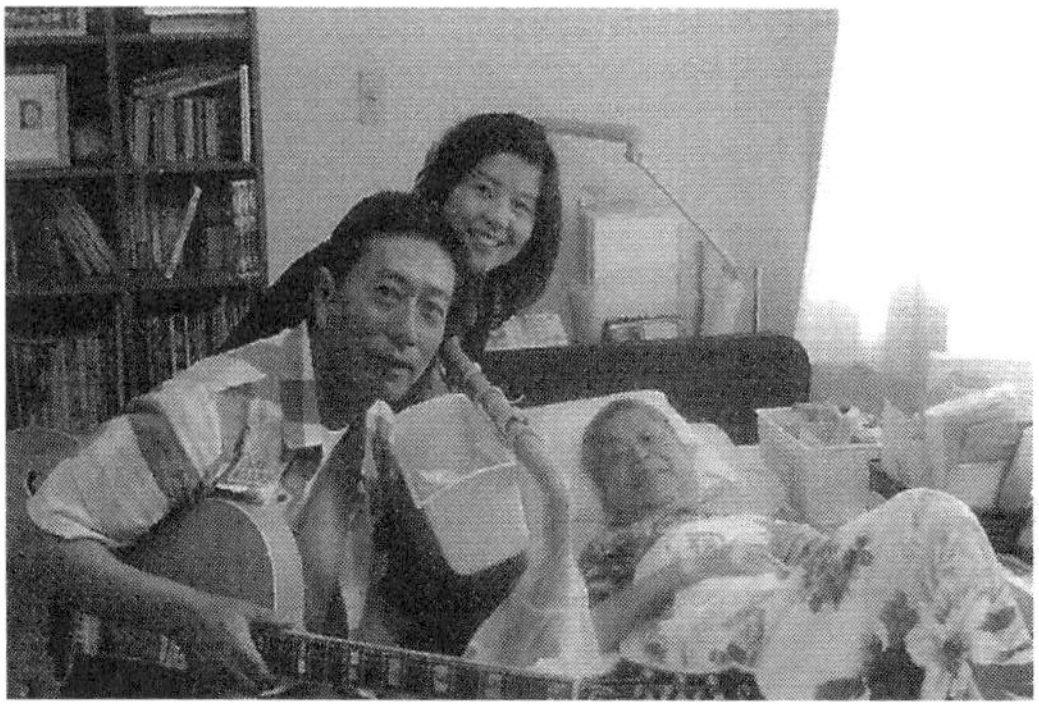

右から沼田さん、中村さん、伊藤さん（2009年）。いずれも「MUSE VOICE」Vol.1 より。

映画『にんげんをかえせ』をアメリカの学校や教会などで上映する「ネバー・アゲイン・キャンペーン（ＮＡＣ）」の第一期生として選ばれたことがきっかけでした。

アラスカ、オレゴン、ネバダ、オハイオ、ニューヨークなどで一年間に二八〇回のプレゼンテーションをこなしたそうですが、二二歳の若き女性にとって、ヒロシマ・ナガサキは歴史の教科書に出てくる過去の出来事でしかなく、渡米前の研修で映画『にんげんをかえせ』に映っていた被爆者から体験を聞き取る中の一人が沼田鈴子さんでした。

沼田鈴子さんが亡くなられ、彼女の平和への思いをどのような形で後世に伝えるかを考えたそうです。周囲からは思い止まるようにとの声もあったそうですが、たどり着いた結論は、沼田鈴子の前半生をモデルとした映画の作成でした。

映画が完成してから、私は八王子市を中心に、遠くは沖縄の那覇などでこれまで二〇回近く上映会を企画しました。私にとっては、「被爆の実相」を語ることと、この映画を上映することは生涯続ける課題です。被爆者の思いを見事にくみ取った映画です。一人でも多くの方に観ていただきたく思います。

それにしても、三〇年以上前に出会った沼田さんのことを心にとどめ、被爆者の実相を後世に伝えるために私財をなげうって映画作成に打ち込んだ中村里美さんですが、このような方が存在していることに限りなく敬意と共感を持っています。

中村里美さんの澄んだ声量と共に、ジャズギター演奏者である伊藤茂利さんの演奏も素晴らしく、第一回日本音楽著作権協会（ＪＡＳＲＡＣ）から、映画の優れたテーマ音楽として第一回ＪＡＳＲＡＣ音楽文化賞も受賞されています。

●中村さんの第二作目は〈日韓の懸け橋〉がテーマ

中村さんの第二作目の映画作品は『かけはし』です。二〇〇一年一月二六日、ＪＲ新大久保駅の線路に転落した日本人を助けようとして、日本人のカメラマンと韓国人の日本留学生イ・スヒョン（李秀賢）さんがホームから飛び降りて救助に当たったのですが、三名とも帰らぬ人となった悲しい出来事を映画化したものです。

イ・スヒョンさんが外国人であることからこの事件は大きな話題となり、来日したご両親のもとには全国から弔慰金が寄せられました。ご両親は悲しみの中で生前「日韓の懸け橋になりたい」と言っていたイ・スヒョンさんの遺志を継ぐために弔慰金を基に、日本語学校に留学するアジアの学生を支援するための奨学金制度を設立されました。今までに一〇〇〇名近い留学

中村里美さん

生が奨学金を受け取っていますが、イ・スヒョンさんのことが小学校の教科書にも掲載されるなどして、二〇一五年六月、日本政府はご両親の行為に対して「旭日双光章」を贈り顕彰しています。

ご両親は、イ・スヒョンさんの命日である一月二六日と、三月の留学生に奨学金を渡すために、毎年二度来日されますが、その時期に合わせ『かけはし』の上映会を企画しました。ご両親は、忙しい日程を調整して上映会場に駆け付けていただき、ご挨拶を頂くなどして交流を深めてきましたが、残念なことに、お父さんは二〇一九年三月に亡くなられました。しかし、その後もお母さんは今まで同様、年二回来日され、〈日韓の懸け橋〉の役割をしっかりと引き継がれています。

日韓両国は徴用工問題や慰安婦問題で政府間ではぎくしゃくしていますが、歴史的に深いつながりがある隣国同士ですから、このような時こそ市民レベルでは限りなく友好を深めることに意義があると思い、『アオギリにたくして』と合わせて『かけはし』の上映会を各地で企画しています。

映画製作第三作目として、二〇二一年完成を目指し『いのちの音色』に取り組まれています。『アオギリにたくして』の一〇〇〇回ライブを目標にしたピースライブは、今現在、全国で三〇〇回近くの公演を重ねたことから、新しい映画のストーリーは、ここまで各地でピースライブをしてきた様子を映像化するものです。

中村里美さん自らが作詞・作曲し、歌手として澄んだ歌声でステージが進行するのですが『アオギリにたくして』などの映画テーマ曲と併せて、被爆者の被爆体験を詩にまとめて朗読されます。伊藤茂利さんはジャズ・ギタリストですから詩の内容を即座に汲み取り即興演奏されるのですが、そのメロディーをバックに朗読される場面は、被爆者の心情を見事にとらえた詩と合わせて、客席で聞いていて涙が出ます。是非、お二人のピースライブを一度聴いていただきたく思っています。余談ですが、ピアノでもギターでもジャズ演奏が究極の演奏と思っているのですが皆さんは如何でしょうか？

●広がる「被爆樹アオギリ」植樹運動

「被爆樹アオギリ」二世樹を苗から育てて、映画を上映した会場や被爆の実相を話した学校やお寺などの敷地に植樹をしています。

被爆アオギリの苗成長

八王子・上田さん 市内6カ所に寄贈

体験語り、次世代に平和託す

戦後75年

3歳の時に広島で被爆した八王子市の上田紘治さん(78)が市内の中学などに寄贈している被爆アオギリの苗が、それぞれの場所で育っている。被爆体験を語った際などに配ったもの。「子どもたちに平和を担ってほしい」との願いを託した平和のアオギリだ。【野倉恵】

広島に原爆が投下された1945年8月6日、上田さんは爆心地から約10㌔離れた疎開先の広島県旧可部町（現広島市安佐北区）の民家に祖母といた。音や光の記憶はない。10日ほどたった頃、爆心地から約400㍍離れ、現在の平和記念公園内にあった自宅付近を母や妹と歩き、入市被爆した。「（負傷者の）傷口にわいたウジを箸で取り除くことしかできなかった」。負傷者を看病した母の言葉が忘れられない。

18歳で上京し工業計器メーカーに就職。50代後半で被爆者健康手帳を取得し、被爆者団体の活動にも加わり、米国で被爆体験を証言した。平和記念公園の被爆アオギリの下で体験を語り継いだ語り部の故沼田鈴子さんがモデルの映画「アオギリにたくして」の制作も応援。広島市の実家を撮影スタッフの宿所に提供、完成後は八王子市内で上映会を20回以上開いてきた。

私立八王子学園八王子中学（同市台町、小山官枝校長）で育つアオギリは、同中の教師が上映会に参加したのがきっかけ。2014年から5年間、修学旅行で広島を訪れる2年生の事前学習で上田さんを招いた。同学園八王子高1年のレガスピ・マユミさん(15)は「現地に行き、（熱線で）焦れた皮膚が服に張りつくなどした学生が本当にあったことだと実感した」と話す。

同校のアオギリは1・40㍍に成長、8月下旬、中庭に植え替えられた。[illegible]中学教頭は「被爆者の証言を聞くのは生徒には貴重な体験」と話す。

上田さんの寄贈したアオギリの苗は工学院中や守野中、市立小中校など市内5カ所でも育っているという。上田さんは「原爆の爆風で枝葉が吹き飛ばされながら、幹から新芽を伸ばしたアオギリは生命や再生の象徴。子どもたちの成長を見守ってくれれば」と話す。

広島への原爆投下について生徒に語る上田さん。熱線で泡立った瓦を示した＝2018年9月（八王子学園八王子中提供）

上田さんが寄贈したアオギリの苗は10㌢ほどから1㍍を超えるまでに成長。中庭で子どもたちを見守る＝八王子市台町の八王子学園で

被爆アオギリと沼田鈴子さん　アオギリは、爆心地から約1・3㌔の広島逓信局の中庭にあった。熱線と爆風で枯れ木同然になったが、翌春、奇跡的に芽吹いた。当時、被爆地は「何十年先まで草木も生えない」と言われていて、芽吹きは市民を勇気づけた。市が1973年に平和記念公園に移植。これを親木に種や苗木が全国各地で育っている。

沼田さんは2011年に87歳で亡くなった語り部。勤務先の広島逓信局で被爆した。左脚を失い婚約者も戦死し、自死も考えたが、アオギリに勇気をもらい、木の下で修学旅行生らに被爆体験を語り続けた。

植樹アオギリの成長を報じる「毎日新聞」（2020.9.3付）の記事

大きくなる樹木ですから一定のスペースが必要ですが八王子市内に今まで六ヶ所に植樹できました。

被爆の実相の話や映画上映はその時で終わりますが、植樹はいつまでも残り成長を楽しむこともできます。中学校に植樹したのですが、生徒たちが手を加えて「広島 被爆樹 アオギリ」の標識を付け、今では立派に成長しています。末永く見守ってほしいです。

地元・宮上中学校の校庭で成長している植樹アオギリ

4 「八王子平和・原爆資料館」の取り組み

●民間有志が運営する貴重な資料館

私も共同代表の一人である八王子平和・原爆資料館ですが、全国的にも貴重な資料館です。一人でも多くの方に来場いただきたくご紹介いたします。

八王子市役所に隣接するビルの二階にある八王子平和・原爆資料館は、一九九七年から有志が自主運営する貴重な資料館です。二〇二一年七月二五日には開館二四周年となります。

一八歳の時、広島で被爆した永町敏昭《としてる》さん（二〇一三年死去）は、中国新聞記者を経て日本新聞協会に長らく勤務されたジャーナリストですが、職業柄収集した原爆に関する書籍資料四〇〇〇冊を、個人の所有からもっと有効に活用したいと市に管理運営を持ちかけたことから始まりました。市営の資料館としての開設は実現しませんでしたが、市内の「被爆者の会」などの尽力によって民間運営で開設されました。

八王子で学ぶ被爆の悲惨さ

吉永小百合さん会員 平和・原爆資料館

米大統領 広島へ「核廃絶の第一歩に」

資料館を紹介する「東京新聞」（2016.5.25）の記事

三〇平方メートルほどの部屋に、現在は二〇〇〇冊を超える原爆に係る書籍や写真、証言集などの資料がぎっしりと揃っています。これらは被爆者の遺族や市民の方たちから寄せられたものです。

広島市・長崎市が一九七一年に発刊した『広島原爆戦災誌』『長崎原爆戦災誌』の全巻をはじめ『日本の原爆記録』などの基本的文献から、著名な文学書籍、記録集、親しみやすい中沢啓二の『はだしのゲン』など、幅広くそろっています。

写真や文献以外では、広島で一四歳の時、建物解体作業に駆り出されて被爆した豊島長生《たけお》君が着ていた血染めの服は、歴史的にも貴重な遺品資料です。避難先に収容されていた長生君が、息子を捜し求めていた母親を偶然にも見つけ「お母さん」と呼びかけました。自分自身は顔面など全身大やけどで面影がなく、お母さんは通り過ぎようとしていたところでした。

その他にも、膨れ上がった原爆瓦、高熱で溶けて数枚が重なり合っている皿やぐにゃぐにゃになったガラス瓶なども展示しています。これらは平和展などを企画した団体に貸出しもしています。展示物を見て涙したとの報告も届いています。

●毎年多彩なイベントを開催

運営委員会では、七月二五日の開館記念日に毎年企画する内容の検討や、会館二〇周年記念誌の発行などに取り組んできました。

二〇二〇年はコロナ禍で企画できませんでしたが、今まで、開館記念日に実施した企画を少しさかのぼって紹介します。

・二〇一九年――オバマ大統領広島平和記念館訪問時のスピーチに同席した森重明さんの講演

・二〇一八年――ピースボート共同代表川崎哲さんの講演「核なき世界に向けて私たちは何ができるのか?」

「被爆米兵を訪ね続けて四一年……」

・二〇一七年――元広島市長秋葉忠利さんの講演「核なき世界をめざして」(会場には今まで一番多くの参加者約二〇〇名)

・二〇一六年――広島市在住の韓国人被爆者・李鐘根《イジョングン》さんの被爆体験談「二重の苦しみの中で」

・二〇一五年――東松山にある丸木美術館と旧陸軍熊谷飛行学校桶川分教場へのバスツアー。

・二〇一四年――広島被爆者・沼田鈴子の半生を映画にした「アオギリにたくして」の映画上映と中村里美さん・伊藤茂利さんによるピース・コンサート。

・二〇一三年――「はだしのゲンが伝えたいこと」の映画上映と監督石田優子さんの講演、八王子被爆者の「証言」

・二〇一二年――「被爆者から被曝者へ」として福島原発事故で南相馬から避難している山崎健一さんのお話しと、子供を放射能から守ろうとして立ち上がった「市民による市民のための八王子市民放射線測定室ハカルワカル広場」共同代表西田照美さんのお話し。

・二〇一〇年――平和シンポジューム「発信！　核のない世界を　八王子からも」。講師は元八王子市長・波多野重雄さん、長崎にある老人ホーム理事長・深堀龍三さん、原水禁国民会議議長・川野浩一さん。
・二〇〇九年――「核のない世界を目指して――男鹿和雄さん挿絵展」
・二〇〇八年――開館一一周年記念シンポ「被爆体験を聴く」
・二〇〇六年――「講談チェルノブイリの祈り」上映会
・二〇〇五年――「はだしのゲン」上映会
・二〇〇四年――「ヒバクシャ」上映会
・二〇〇三年――交流集会

●二〇二二年のイベント企画は映画「ひろしま」の上映

なお、二〇二二年の開館記念イベントは添付掲載の新聞報道のように、日本教職員組合が制作した原爆映画「ひろしま」の上映会を企画予定です。原爆投下八年後の一九五三年に完成したこの映画は、大手配給会社から上映を拒否され、細々と自主上映されていたためほとんど知られないまま埋もれていました。

当時は原爆に関する報道は厳しくプレスコードが引かれた時代で、作中にある「あっさり〝新兵器のモルモット実験〟に使われてしまった」このセリフにアメリカの顔色を窺うなど忖度した結果です。

今回のイベント企画は、祖父が監督補佐として映画製作に関わり、映画プロデューサーだった父親がその上映活動に携わり、自身も映画プロデューサーとしてそのデジタル化をおこなった八王子在住の小林開さんとの共同企画です。

半世紀以上前の作品ですが、親子で上映活動を続けてきた今、国内外で脚光を浴び始めています。

被爆の実相広く後世に

戦後75年

「ひろしま」監督補佐の孫×八王子平和・原爆資料館

共同で来年イベント開催

資料館のイベントを紹介する「毎日新聞」（2020.12.23付）の記事

●首都東京から平和を発信できるセンターをめざして

当館は、健全な財政運営を目指し、ＮＰＯ法人化や個人・団体会員の拡充を目指していますが、一九八二年に非核平和都市宣言をしている八王子市への管理運営も粘り強く要請しています。個人会員には女優の吉永小百合さんも長年会員のお一人です。会費は年二〇〇〇円です。

将来、広島・長崎の原爆資料館とも協力して、首都東京から平和を発信できるナショナルセンターとして、充実した資料館にしたいとも話し合っています。一人でも多くの方々が、資料館を訪問されることを心から願っています。

また、首都東京ですから当然ながら海外各国からの要人が訪れる機会は多く、これら外国の方々が広島、長崎まで足を運ばなくても「八王子平和・原爆資料館」を訪れてもらうことで、被爆の実相の理解が深まることは限

りなく意義のあることと思います。

以前、当時の広島平和文化センター理事長を務めていたスティーブン・リーパーさんにこの話を持ち掛けたところ、ご本人も大いに乗り気であったのですが、残念ながら実現を見ることなく退任されました。

☆　開館日：水・金曜日、一〇時〜一七時
☆　電　話：０４２―６２７―５２７１
☆　場　所：八王子市元本郷町３―17―５　八王子市役所隣・浜中ビル二階

5 ベンガル語版、中国語版の被爆証言集を出版

●ベンガル語版の被爆証言集『広島の声』の刊行

二〇一〇年五月の連休中、代々木上原にある日本で一番大きいイスラム教のモスク「東京ジャーミイ」で原爆パネルを展示し、被爆者が証言する企画展を手伝う機会がありました。

主催者は、広島のＮＧＯ「ＡＮＴ−Ｈｉｒｏｓｈｉｍａ」です。代表は広島被爆二世の渡部朋子さんで、ご主人も広島被爆二世で弁護士です。帰広するたびに事務所を訪れて情報を得たり、ご一緒に食事をしたり、地元広島だけに留まらず海外にまで平和活動を展開している素晴らしい女性です。

東京ジャーミイでの企画展中にバングラデシュの男性Ｐ・Ｒ・プラシドさんが来場し、熱心にパネルを見ている姿をみて、私は説明役を買って出ました。展示を見終わった彼は、池袋にある彼の事務所で同じ企画展をしたいと話され、その年の八月六日〜九日までの四日間、ス

ペースは東京ジャーミイほど広くはありませんが、彼の事務所で連日、被爆証言と被爆のパネル展示をしました。開催中、在日バングラデシュの方々を中心に、約一〇〇名の参加がありました。

プラシドさんは、奥さんが日本の方で、来日して三〇年近く経過し、在日バングラデシュ人約一万六千人など国内外のバングラデシュ人を対象に主にインターネットメディアで情報発信しているジャーナリストです。

P・R・プラシドさん

企画展が終了して今度は、被爆者の声を集めたものをバングラデシュの言葉であるベンガル語に翻訳して本にしたいとの申し入れです。私に異存はなく、全国から一七名の広島被爆者の体験手記を集めました。その手記の日本語文を翻訳者に解説しながらベンガル語にし、二〇一四年五月に日本語を併記してP・R・プラシド、上田紘治編『広島の声』として刊行しました。日本でベンガル語の被爆体験集の発刊はきっと初めてだと思います。ベンガル語圏は、核保有国であるインドとパキスタンをはじめ、バングラデシュ、アフリカの一部からなっ

『広島の声』（2014年5月、東洋書店刊）

ています。
出版記念のパーティーも開かれ、在日バングラデシュ大使も参加され大盛況でした。広島の被団協代表委員の方にも挨拶文を寄稿してもらい、私の住んでいる八王子市内七ヶ所の図書館、広島の平和記念資料館三ヶ所には贈呈しました。国立国会図書館にも納本しました。

プラシドさんからは、首都であるダッカの大学などで直接、被爆証言をするよう依頼されていますが、バングラデシュで日本人がテロ被害に遭うなどしたこともあり、まだ実現していません。

また、原爆資料館を実家のあるダッカに建設したいと相談を受けるのですが、彼は平和に対する思いのとても強い人です。

一九七一年の東パキスタンとの分離独立で、武力を伴った建国の歴史を自ら体験し、身内や知人が亡くなったそうですが、日本に来て最初に訪れた場所が広島の平和記念資料館でした。

●中国語版の被爆体験集『広島・長崎』の刊行

二〇一五年、当時の岸田外務大臣が、世界の方たちに対して広島平和記念資料館を訪れるよう呼びかけられました。

『広島・長崎』（2016年8月、天地人企画刊）

その時、中国の外相が「日本は加害国」との発言をしました。その発言を聞き私は、「原爆による被爆の実相を核保有国の言葉にして広げる」ことをライフワークにしようと考え、二〇一六年八月、中国語による被爆体験集を発刊しました。上田紘治監修『広島・長崎――今、伝えたい被爆の実相』として、広島被爆者八名、長崎被爆者五名の被爆証言を中国語に翻訳し、日本語原文を併記して収録しました。

日本はドイツとイタリアと三国同盟を結び、一緒に世界に向かって戦争を仕掛けたのですが、戦後ドイツはナチスの戦争犯罪に対して国と企業も含めて、今でも謝罪と補償を繰り返しています。

日本政府は、あの遊就館・靖国神社に通じる日本会議派議員などで占められた内閣です。戦争責任もあいまいなまま、世界に誇る憲法九条をないがしろにしようとするのも、戦争を仕掛けた歴史にきちんと向き合っていないことが主要な原因で、中国から「加害国」と言われることもこうした政府のあり様が、真に近隣諸国からの信頼を得られていない証拠ではないでしょうか。

戦争中、敗戦を覚悟し国体護持を唯一の使命にして終戦を長引かせた結果が、沖縄戦の地上戦を招いて約二〇万人が亡くなり、東京下町の大空襲では約一〇万人の命が奪われ、広島・長崎への原爆投下はその年の暮れまでに二一万人＋一万人が亡くなりました。ヨーロッパでは、「ヒットラーとヒロヒト」は同意語です。

今回の中国語版も、ベンガル語の被爆証言集と同様に、広島の平和記念資料館と八王子の図書館にそれぞれ寄贈しました。国立国会図書館にも納本しました。被爆体験集は賞味期限がありませんので、機会があれば手に取っていただくと嬉しいです。

核保有国の言葉で被爆証言集を出版する取り組みは、今後、フランス語、ロシア語、英語での発刊が宿題と思っているのですが、既刊本の冊子が手元に滞留しているため、実行することに少々苦慮しているところです。私にとって著作権などは無縁なので、心ある方には版権をいつでも無償でお譲りします。私の思いを受け継いでいただく方がありますと嬉しい限りです。

6 伊方原発運転差し止め広島裁判の原告団に加わって

広島から一番近い原子力発電所が四国電力の伊方原子力発電所です。被爆地・広島から「原発再稼働を許さない」という声を上げることが重要だとの呼びかけに心を打たれ、二〇一六年二月に、東京の友人数名にも声をかけて一緒に運転差し止め訴訟の原告に加わりました。訴訟原告団長、副団長ともに被爆者です。

●初期の経過

まず、初期の訴訟経過から紹介します。

・二〇一五年一一月二八日、広島市長と広島市議会に「伊方原発再稼働反対表明」を求める請願活動を行ってきた「広島市民の生存権を守るために伊方原発再稼働に反対する一万人委員会」（略称「広島一万人委員会」）は、事実上の門前払いを受けたため、やむにやまれず司法に訴える活動方針を総会で決定する。

・二〇一六年二月二八日、「伊方原発広島裁判原告団（団長：堀江壯）」の結成集会を広島弁護士会館にて開催。

・二〇一六年三月一一日、伊方原発広島裁判原告団は、①「伊方原発運転差止等請求」（本件訴訟）と、②「伊方原発3号機運転差止仮処分命令申立」（仮処分）の二件を、広島地裁に同時提訴。原告団は、この時点で六七名（うち一八名が原爆被爆者）。原告団のうちの三名が、仮処分申立人となる。

・二〇一六年四月五日、伊方原発広島裁判原告団の最高齢被爆者原告・隅田正二さん（89歳）を名誉原告団長に選ぶ。

※二〇一六年四月五日、原子力規制委員会が伊方原発3号機の使用前検査を開始。

●意見陳述の機会を与えられる

二〇一八年一一月一四日、私は広島地裁の口頭弁論で一〇分間の「意見陳述」の機会を与えられました。当初の原稿は長く、削るに削って時間も計り本番に臨んだのですが、その時の内容を以下に全文掲載します。裁判長が読み上げている私の顔をじっと見つめていることがとても印象に残っているのですが、この裁判長が二〇二〇年七月、広島高裁で「黒い雨」判決で、画期的原告勝訴判決を下した高島義行裁判長であったことを後日知りました。

意見陳述

東京都八王子市在住／八王子平和・原爆資料館共同代表
原告・上田紘治

本日は意見陳述の機会を与えていただき感謝申し上げます。

私は広島で被爆し、現在、東京都八王子市で、二〇年以上続く八王子平和・原爆資料館の共同代表として係わっています。この資料館は日本でも珍しく、原爆に係わる二〇〇〇冊以上の書籍をそろえ、我々の手で自主運営し、女優の吉永小百合さんも会員のお一人です。

私は広島に原爆が投下された時、三歳六カ月で記憶はありません。原爆が投下された時は、爆心地から約一〇キロメートル離れた可部町に住んでいました。本籍地は現在も変わらず広島市平和公園内、爆心地から四〇〇メートル、当時の町名で元柳町、今は中島町であることから母が私の手を引き、妹を背負い入市した二号被爆者です。

原爆は想像を絶する猛烈な熱線と爆風、放射能の三つが特徴です。放射能は、七三年以上経過した現在でも、その影響から被爆者は逃れることはできません。他の兵器には見られない非人道的兵器です。直爆とあわせて目・鼻・口や皮膚から入ってくる放射能はDNAを傷つけ、あらゆる細胞活動の働きを低下させ、壊します。DNAは遺伝子ですから、子や孫への影響も否定できません。子や孫が生まれる時、人知れず心痛めるのが被爆者です。

一九八二年、私が四〇歳の時、第二回国連軍縮特別総会に東京都武蔵野市で地域代表として参加したことが、私の人生の大きな転換点でした。以来、一貫して平和運動に携わって参りました。母や先輩たちから、被爆の実相を聞き、言葉で言い表すことのできないこの世の地獄は、二度と繰り返してはならないと強く思っています。私は二〇一三年九月まで、東京都の原爆被爆者団体である東友会事務局次長の役目を担ってきました。被爆者団体の全国組織である被団協は、結成以来六三年間、一貫して「再び被爆者をつくるな」と訴え続け、原発の再稼働にも反対しています。

私は現役時代に、仕事で福島第一原子力発電所に係わってきました。業界では福島第一原子力発電所のことを「1F《イチエフ》」と呼びますが、二〇一一年三月、「1F」で重大な事故が起こりました。当時、安全装置は七重にあるとして、安全神話にとっぷり浸かっていました。しかし、信じていた七重の安全装置は何の役もたちませんでした。広島・長崎の被爆者に続き、地域に住む人々が放射線の被曝者になる……「再び被爆者をつくるな」と訴え続けた被爆者にとって耐えられない事です。先祖代々続いた土地を離れ、生業を一瞬にして奪われ、決して元の住家に帰ることはできない方々のことを思った時、このようなことがあっていいのか！　安全神話を許した我々の責任も否定しませんが、真に、この責任は原発行政を推進した国と電力事業者にあります。

私は、核物質を人類が利用することに疑問を持っています。人類が到達した科学技術のレベルは、核物質を安全に運営・管理する水準に達していないと思います。高レベル放射性廃棄物は地中深く数百メートルにガラス固化にして、一〇万年単位で保管するそうですが、世界で唯一フィンランドに地層処分する場所があります。一〇万年後に生きている人類が、今の言葉を理解できるかどうかが議論となっているそうです。そこまでして核物質を利用する必要性がどこにあるのでしょうか。

被爆者は七三年余、放射性物質は人類とは決して共存できないことを、身を以て体験しています。電力を得るにはボイラーで蒸気をつくりタービンを回転させ発電機で電力を得る単純な構造です。原発はボイラーの過熱手段の一つでしかありません。自然界には発電手段として、太陽光、風力、地熱、水力など多くの選択肢があります。それらをなぜ、活用しないのでしょうか。電力は現代の社会生活にはなくてはならない公的なもの、社会共有の財産です。電力事業者は原子力村と言われるような、一部の企業の利益優先ではなく、なによりも地域社会・市民生活の安全を第一義的にしなければいけないと思います。

今年の夏、被爆者として一〇六日間で地球を一周し、寄港する各国で核兵器禁止条約の批准と核兵器の無い平和な世界をと訴えて回る機会がありました。航海中の船から、ハイウエーを走る車窓からですが、デンマークでは海の広い範囲に風力発電が広がり、米国でも広大な荒野に風力発電が延々と続く様子を目にしました。1Fの過酷事故からいち早く教訓を引き出したドイツでは、期限を切って原発からの脱却政策をすすめ、米国でも自然エネルギー革命が進行中で風力・太陽光発電の比重が拡大しています。

兄弟、親族、幼馴染が住む、故郷での原発再稼働には全面的に同意できません。被爆地広島から、もっとも近い伊方原発の再稼働には違和感を覚えます。被爆地広島から原発反対の声をあげていくことの意義の大きさにも共鳴しました。

私は望んで被爆者になったのではありません。当時の世論が戦争反対と多数であったならば、被爆者は生まれませんでした。原発事故被害者も同じで、自から放射能被害を望む人はいません。今、生きる私たちが、原発反対の声を上げることが責任ある態度だと思います。

絶対に原発事故を起さないなどの保証は不可能です。前の原子力規制委員会の委員長、田中俊一氏は、「原子力規制委員会は、規制基準に合致しているかどうかを審査しているのであって、審査に合格した原発が安全だなどとはもうしません」と明言されています。日本には自然エネルギーが多様にあり、原発はこれ以上推進すべきではありません。私たちに、これから未来ある人たちの幸せの選択肢を奪う権利はありません。

原発を推進する人たちの中には、科学技術に完璧なものはない、事故やトラブルを起こしながらそれを克服して、科学技術は発展していく、原発も同じことだ、と主張する人もいます。しかし、これは地球そのもの、人類そのものに対して、根本的に危険である放射能の特殊性を無視し、航空機事故や列車事故などと同列視する議論だと指摘します。一旦、事故が起きれば取り返しのつかない放射能災害ですが、それでも原発を再稼働する意義はどこにあるのでしょうか。原発を推進する人たちは是非この根本的な問いに答えて頂きたいと思います。

以上述べました問いに答えないまま伊方原発3号機を再稼働しようとするならば、貴裁判所は是非、再稼働を禁止して頂くよう心よりお願い申し上げます。今、日本においてそれができるのは司法の場、裁判所だけです。

ご清聴ありがとうございました。

●福島原発訴訟団と共に「黒い雨」判決に対する国の控訴に抗議

二〇二〇年七月二九日、広島地方裁判所は、「黒い雨」裁判に関する判決を下し、原告八四名全員に被爆者健康手帳の交付を行うよう広島市・広島県に命じました。これに対し参加行政庁厚生労働省、被告広島市及び広島県が控訴したことから、伊方原発広島裁判原告団は厚労省にも抗議することになりました。

原告団として呼びかけ団体を募ったのですが、二〇一一年三月一一日の東北大震災による福島原発事故の避難者訴訟の原告団の方たちが多数参加されました。

福島原発事故の被災者の方たちと一番共有できたのは、「黒い雨」地裁判決が内部被爆・低線量被爆を認めたことです。「生業を返せ」「故里を返せ」と全国に避難している福島の方たちが三〇ヶ所で集団訴訟をされていますが、限りなく内部被爆であり低線量被爆であるにもかかわらず、厚労省には内部被爆・低線量被爆を認める考えは無く、切り捨てそのものです。

地元福島をはじめ、北海道、福岡、大阪などへ避難されている方たちが素早く呼応されましたが、この連帯には大きな意義があると思っています。

原子力発電所は「安全神話」にドップリと包まれ、地震国日本の全国で五四基も建設されました。我々にも大いに責任がありますが、そもそも原発はアメリカの原子力潜水艦用として開発されたものを、日本では時の若き中曽根康弘代議士と財界の正力松太郎氏によって、一九五五年に初めての原子力予算がウラン２３５にちなんで二億三千五百万円として計上され、原爆投下・ビキニ被害などを経験した国民の感情を逆なでするように導入されました。

核物質は人類とは決して共存できません。使用済みの核燃料棒から出るプルトニュームの半減期は二万四千年ですが、その処理の方法に今の科学技術は到達していません。核物質に対する安全基準などはなく、限りなくゼロなのです。

政府は、福島に帰還する際の放射線量の基準を現行の一〇mSv／年から二〇mSv／年に引き上げましたが、世界の基準は一mSv／年で、一mSv／年でも高いとして〇・一mSv／年の議論が進んでいます。ドイツでは〇・三mSv／年にしました。

チェルノブイリ原発事故周辺の居住地では、一mSv／年で転居の権利がありとされていますが、世界と日本の乖離を強く感じさせられます。

エネルギー政策も、世界の流れは原発依存から脱却し、環境に考慮した太陽、水、風力など自然エネルギーの活用に切り替えています。日本には豊富に活用可能な自然エネルギー資源があるにもかかわらず立ち遅れていますが、我々が声を上げることが重要と痛感しています。

先祖代々受け継いできた豊かな自然の中で暮らしていた方たちが、原発事故のため永久に生まれ育った地に帰れない、避難生活を余儀なくされているなど、あってはならないことです。

各地の集団訴訟で、国の責任を認めない判決が今まで半数（二〇二〇年末現在、東電・国に責任なし七裁判所、東電のみに責任あり七裁判所）ありますが、司法はなぜそのような判決を出すのか理解できません。

二〇二〇年一〇月に仙台高裁が高裁として初めて国の責任を認めました。二〇二一年二月には東京高裁でも国の責任を認める判決が下されました。高裁レベルでの原告勝訴判決はこの二例だけですが、他の裁判所もこれに続いてほしいと強く思います。

二〇二〇年一二月、関西電力大飯原発の設置変更許可を巡って、原子力規制委員会が設置許可をしたことに、大阪地裁は規制委員会の審査は「不合理な点あり」として「許可取り消し」の判決を下しました。

原告の主張は、想定される地震の揺れは過小評価と指摘しています。規制委員会は安全かどうかを判断するのではなく、あくまでも新規制基準に適合しているかどうかを判断する機関ですから、住民が主張する安全サイドに立った司法の判決は嬉しい限りです。

国は新基準で判断するのではなく、国民の安全を第一にしてきっぱりと原発から脱却の道を選ぶべきです。

なお、抗議声明の発出団体は以下の五団体です。他に、賛同団体は八六団体、「原発いらない福島の女たち」「国際環境NGO FoE Japan」、「高木仁三郎市民科学基金」などが含まれている他、海外五ヶ国から八団体が賛同を表明しています。

・原発事故被害者団体連絡会（ひだんれん）――（住所：福島県田村市船引町芦沢字小倉140－1）

・伊方原発広島裁判原告団――（住所：広島市西区中広町2－21－22－203）

・「避難の権利」を求める全国避難者の会――（住所：札幌市厚別区厚別西四条二丁目6－8－2 中手方）

・福島原発事故被害救済九州訴訟原告団――（住所：福岡県うきは市吉井町八和田633）

・原発賠償関西訴訟原告団――（住所：大阪市北区西天満2－8－1 大江ビル405号）

●「黒い雨」控訴に対して抗議文を提出

「黒い雨」裁判の画期的な地裁判決に国が控訴したことに対して、福島から関東に避難されている方お二人と、横浜在住の広島被爆二世の方と私の四名で厚労省を訪れ、控訴取下げを要求する抗議文と地裁判決の内容と背景の解説文を提出しました（広島市、広島県にも提出）。

その抗議文「『黒い雨』控訴抗議声明――解説と背景」を以下に収録・紹介します。少し専門的な部分もありますが、とても重要で素晴らしい内容となっていますので、長文の引用ですがじっくり読んでいただくと理解できると思います。

厚労省に抗議申し入れをする筆者たち（2020年9月29日、広島ホームテレビ画面より）

「黒い雨」控訴抗議声明　解説と背景

二〇二〇年九月二九日
伊方原発広島裁判原告団

二〇二〇年七月二九日、広島地方裁判所は、「黒い雨」裁判に関する判決を下し、原告八四名全員に被爆者健康手帳の交付を行うよう広島市・広島県に命じました。これに対し参加行政庁厚生労働省、被告広島市及び広島県は、八月一二日広島高等裁判所に対して控訴しました。

私たちは、この控訴に対し、厳重に抗議し、取り下げを求め、「抗議声明」を発出することにしました。ここでは「抗議声明」の土台となる広島地裁判決の解説とその背景についてご説明します。

1．判決の説示

判決は、

「内部被曝とは、体内に取り込まれた線源による被曝をいうところ、内部被曝には、外部被曝とは異なり、次の点で危険性が高いとする知見がある。

　すなわち、内部被曝では、外部被曝ではほとんど起こらないアルファ波やベータ波による被曝が生ずるところ、アルファ波やベータ波は、飛程が短く、電離等に全てのエネルギーを費やし、放射線到達範囲内の被曝線量が非常に大きくなること、放射性微粒子が、呼吸や飲食を通じて体内に取り込まれ、血液やリンパ液にも入り込み、親和性のある組織に沈着することが想定されること、内部被曝のリスクについて、放射性微粒子の周囲にホットスポットと呼ばれる集中被曝が生じる不均一被曝は均一な被曝の場合よりも危険が大きい（傍線は引用者）とする指摘意見」（同判決二九九頁）を認定し、「黒い雨」被爆者は、低線量による内部被曝で健康障害を生じた可能性を否定できないとしました。

2．説示の意味

厚生労働省（国）が全面的に採用する国際放射線防護委員会（ＩＣＲＰ）勧告によれば、放射線吸収線量が同じであれば、外部被曝も内部被曝もその影響（リスク）は同じである、

としています。（たとえばＩＣＲＰ二〇〇七年勧告項目番号１３５）

ところが判決は内部被曝のリスクについて、

「放射性微粒子の周囲にホットスポットと呼ばれる集中被曝が生じる不均一被曝は均一な被曝の場合よりも危険が大きい」

とする知見を採用し、ＩＣＲＰ勧告の見解（以下ＩＣＲＰ学説ということがある）を真っ向から否定しています。

つまり判決は、内部被曝のリスクは外部被曝のリスクより危険が大きいとしたのです。「内部被曝」は「外部被曝」より危険とするこの見解は、今や国際的にみれば、一部ＩＣＲＰ学説信奉者を除けば、科学者の間では常識といって差し支えありません。低線量分野で、内部被曝と外部被曝のリスクの差はどれほどかについてはさまざまな議論がありま す。例えば欧州放射線リスク委員会（ＥＣＲＰ）二〇一〇年勧告は、スエーデンのマーチン・トンデルのチェルノブイリ研究（北極圏におけるトナカイ放射線汚染に関する研究）を引用しつつ、その差は六〇〇倍を下らないとしています。もしこの比較を正しいとするなら、外部被曝一ｍSvの全身健康影響は、内部被曝では六〇〇ｍSv相当の全身健康影響となります。

そのリスク差がいかほどかはともかく、この判決は低線量分野における内部被曝影響を科学的に見て、極めて正しく評価しています。

3．ICRP学説の誤り

国が信奉するICRP学説の「内部被曝」問題に関する誤りはいったいどこにあるのでしょうか？

低線量内部被曝のリスクに関する限り、ICRP学説の誤りは、その元々の「線量体系」の中に潜んでいます。

ICRP学説によれば、吸収線量一Gyは、「物質一kgが一J（ジュール）の電離放射線のエネルギーを吸収した時一Gy（グレイ）とする」と定義しています。（J＝ジュールはエネルギーの普遍単位）

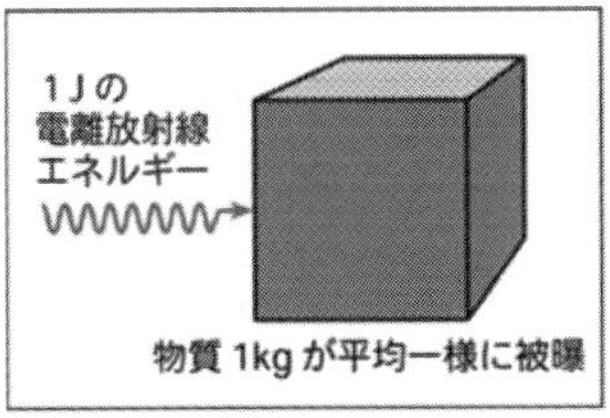

つまり一Gyとは、物質一kgが平均に電離放射線のエネルギーを吸収した状態です。（上のイラスト参照のこと）

そしてICRPは、「吸収線量一Gy」の単位を基にして人体に対する影響の数値単位「Sv（シーベルト）」を創出しています。

すなわち吸収線量一Gyが、ある臓器や器官に与える影響を、放射線の種類によって区別して算出する「等価線量」、さらに等価線量に臓器荷重係数を考慮して得られる全身に対する影響をあらわす「実効線量」です。

たとえばX線の放射線係数は「1」とICRPは決めていますから、X線による全身影響は、ICRPによれば、1 Gy = 1 Svの等式が成り立つことになります。

ここで明確にしなければならないのは、「Sv」の単位には常に一kgあたりという前提が隠れているということです。つまり「一Sv」は常に人体一kgあたり平均した被曝影響を表しているのです。

ところが内部被曝では、人体一kgあたり平均一様に被曝するなどということは絶対に起こりません。

判決文がいうように、「放射性微粒子の周囲にホットスポットと呼ばれる集中被曝が生じる不均一被曝」とならざるを得ないのです。

ここでいう放射性微粒子とは、大きさが「一〇〇万分の一m（ミクロン）」単位の大きさです。「一kg」の単位を「マクロの世界」とすれば、放射性微粒子の単位は「ミクロの世界」です。

マクロの世界では通用する線量体系を、無理矢理ミクロの世界でも通用させようというのが、ＩＣＲＰの線量体系です。

低線量の、内部被曝問題に関する限り、ＩＣＲＰ学説の誤りは、そのもともとの線量体系に起因します。

4．ＩＣＲＰ線量体系誤りの再確認

ここで低線量の、内部被曝に関するＩＣＲＰ線量体系の誤りを再確認しておきましょう。下のイラストを見てください。

図1Aが、ＩＣＲＰ学説が主張する内部被曝のモデルです。「人体一kg」が平均一様に被曝するのですから、この図のようにならざるをえません。（ちなみに成人の心臓は平均八〇〇 gです）

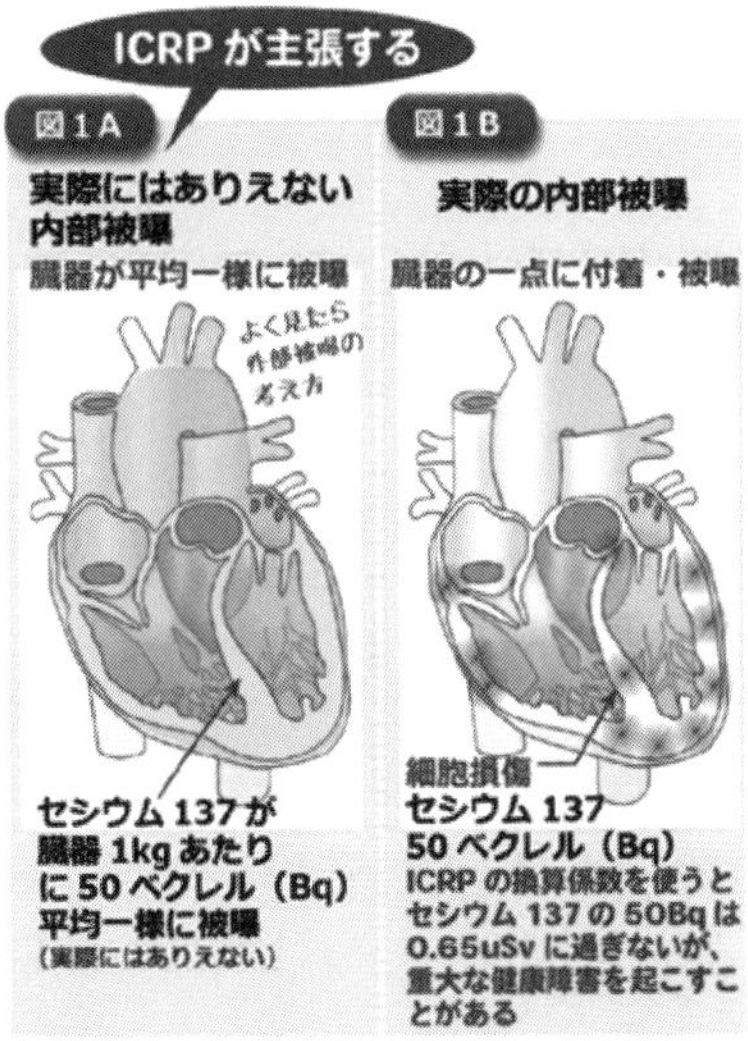

これに対して広島地裁判決が指摘する内部被曝が図1Bです。すなわちホットスポットによる「集中被曝による不均一な被曝」です。

内部被曝による健康影響を考える時、ＩＣＲＰ学説やそれを信奉する国の主張するモデルよりも、広島地裁が指摘するモデルの方がはるかに理に適っており、科学的であることは明らかでしょう。

5．線量体系の不適切さはＩＣＲＰ自身も認める

ＩＣＲＰ線量体系が、細胞レベル、遺伝子レベルの被曝影響を評価するには、不適切な体系であることは、ほかならぬＩＣＲＰ自身も認めています。

すなわちＩＣＲＰ線量体系は、巨視的な単位（物質一kgあたり）の被曝影響を評価するには適切だが、微視的な単位（ミクロン、μグラム単位）の被曝影響を評価するには、不適切な線量体系である、しかし今のところ、巨視的な単位の影響評価を行う線量体系しか存在しないので、将来微視的な線量体系ができあがるまで、やむなく巨視的な線量体系を使用する、という趣旨のことをその勧告で明確に述べています。（ＩＣＲＰ一九九〇年勧告。項目番号(17)及び(18)（なおＩＣＲＰ勧告は日本アイソトープ協会のＷｅｂサイトで日

本語版が無料で公開されています）。

ＩＣＲＰがこの勧告を世に出してから、はや三〇年以上経過しようとしています。この間、ＩＣＲＰは現在の巨視的な線量体系に代わって、「ミクロの世界」の被曝影響を評価できる「微視的な線量体系」を策定しようという動きは一切見せていません。

そして巨視的な線量体系を、「ミクロの世界」に無理矢理あてはめ続け、低線量被曝、特に内部被曝影響を極端に過小評価し続けているのが現状です。

読み方によっては、広島地裁判決は、そのＩＣＲＰ学説を根本的に批判している、と読めなくもありません。

6．広島地裁判決の正しさ

そのほか広島地裁判決は、「バイスタンダー効果」、「ペトカウ効果」や「逆線量率効果」などにも触れ、ＩＣＲＰ学説の低線量被曝影響に関する基礎となる見解を真っ向から否定する知見を認定しています。

「バイスタンダー効果」（傍観者効果）とは、被曝損傷した細胞に異常が起きるばかりではなく、その細胞と通信している別な細胞（バイスタンダー細胞）に異常が発生するという現象です。細胞に対する放射線被曝は、細胞ばかりでなく細胞間通信にも異常を起こさせるという典型的な現象です。「バイスタンダー効果」は「ゲノムの不安定性」と共に医科学界ではすでに常識となっている現象です。ＩＣＲＰも「バイスタンダー効果」を現象として否定はできず、その勧告でも触れていますが、「バイスタンダー効果の研究はまだ揺籃期である」として事実上、内部被曝要因として無視しています。（ＩＣＲＰ二〇〇七年勧告項目番号Ａ28〜Ａ31）

「ペトカウ効果」は、「同じ線量ならば、一時的に吸収するよりも長時間（長期間）にわたって吸収する方が影響は大きい」とする効果のことです。

一九七二年、カナダ原子力公社のホワイトシェル研究所に勤めるアブラハム・ペトカウ博士が学術誌に公表したもので、ブタの細胞膜に放射線を照射する実験の最中に偶然に発見しました。高い線量の放射線を短時間照射するより、ペトカウの予期に反して、低い線量の放射線を長時間当て続ける方がブタの細胞膜が破壊されやすいことを発見したのです。

この発見はきわめて重要です。放射線被曝においては、短期間の比較的高線量一時的被曝よりも、極低線量であっても慢性的な長期間被曝の方が健康に対する害は大きい、ことを意味するからです。

通常の状況にあっても放射能を環境にまき散らさずにはおかない原発など核施設にとって、またチェルノブイリ事故や福島第一原発事故、あるいは軍事用核施設事故など、過酷事故を起こして大量の放射能を環境にまき散らさざるを得ない核施設を抱える核産業は、核施設から同心円状に居住する数多くの住民を、宿命的に慢性的低線量被曝環境におかざるを得ません。

その核産業にとって、慢性的低線量被曝環境が、人体に害をもたらすという事実を、一般公衆が信じるなどということはおよそあってはならないことです。「ペトカウ効果」は、核産業にとって、またそれを放射線防護の観点から理論的に支えるＩＣＲＰにとっては、不都合な事実なのです。

当然ＩＣＲＰは、「ペトカウ効果」を全面的に否定します。それがＩＣＲＰの主張する「線量線量率効果」（または単に「線量効果」）です。

「線量線量率効果」は仮説の域を出ませんが、ＩＣＲＰはそれをあたかも科学的事実であるかのように扱い、「同じ線量ならば、一時期に大量に放射線を吸収する方が、長時間（長期間）にわたって吸収するより効果（影響）は大きい」と主張しています。

ＩＣＲＰによれば、一〇〇mGy（一〇〇mSv）の放射線を一時期に吸収する方が、生涯にわたって、たとえば七〇年間にわたって吸収するよりも、効果（影響）が大きい、ということになります。

これが「線量線量率効果」（線量効果）です。ＩＣＲＰの議論はさらに先に進み、その効果はいかほどか、と推測を重ね、二〇〇七年勧告ではその係数（線量線量率効果係数）は「２」である、と明記するに至っています。

これは「ペトカウ効果」とは正反対の結論を導く仮説です。

広島地裁は、事実上「線量線量率効果」を否定し、

「低線量・長時間の方が、一度に大量に被曝したときよりもリスクが高いという逆線量率効果などの知見が存在することが認められる。」（同二九九頁）

と核産業やＩＣＲＰにとって極めて都合の悪い事実認定を行っています。

7. 不可解な控訴のいきさつ

控訴をめぐる広島市、広島県及び国の協議は一切非公開なので、新聞報道等に頼るほかはありませんが、国が広島地裁判決を絶対認めない点だけは一貫しています。

問題はその理由です。当初国の言い分は、「判決にはあらたな科学的知見が認められな

い」ということでした。これは内閣が政令として定めた「大雨降雨域」を覆すだけの科学的知見がない、という意味でした。

その後広島市幹部から、「控訴すれば、より多くの「黒い雨」被爆者を救済できる」という意味不明の発言が飛び出します。なぜ控訴することが、より多くの「黒い雨」被爆者を救済することになるのか。それは、広島市と広島県が、国と「大雨降雨域」の見直しをするという裏取引が成立したことを意味します。

しかしそれならば、なおさら控訴の理由がなくなります。国が頑強に控訴にこだわるには別に本当の理由があるはずです。その理由は控訴当日の一二日になって判明します。厚労大臣が控訴の理由を、判決は「科学的知見に基づいていない」としたからです。

国が控訴にこだわる理由は、判決の「ＩＣＲＰ学説否定」にあったのです。厚労大臣にとってはこの「ＩＣＲＰ学説否定」が科学的でない、国や核産業にとってははなはだ都合の悪い事実認定であり、なにがなんでも地裁判決をとり消したい、これが控訴の本当の理由であることが、ここにおいて判明したのです。

8.「黒い雨」判決と福島第一原発事故

「黒い雨」被爆者と福島第一原発事故被害者の間には、一見なんの関連性がないかのように見えます。しかしこの二つは「低線量被曝」、特に「内部被曝」被害者という点でしっかりつながっています。低線量被曝被害発生という点で、一九四五年八月に日本で起こった大惨事が、二〇一一年三月に寸分変わらぬ形で発生したのです。

原発など核産業を推進する人々にとっては、「低線量では人体に影響がない」「内部被曝も外部被曝もリスクは同じ」とする言説が、核産業存続の最後の防波堤です。人々が「低線量被曝は安全だ」と信ずればこそ、原発など核産業はこの社会に存続を許されているからです。

広島地裁判決は、この核産業の「最後の防波堤」に痛烈な一撃を加えました。国は控訴によって広島地裁判決を破棄し、闇に葬りさろうとしている、これが「黒い雨」控訴をめぐる基本構図です。

被爆地ヒロシマは、あらゆる福島原発事故被害者と連携して、広島地裁判決を守り抜くと同時に、原発など核産業の「最後の防波堤」を突き崩す取り組みをこれからも強めていかなくてはなりません。

以上

本訴訟は、「仮処分」と「本訴」の二つで争っています。本訴では、原告・被告双方の主張がほぼ出揃い、全進行の七割くらいまできたといったところでしょうか？　主要な争点は、地震動と水蒸気爆発です。これから、その本格的な証拠調べが始まります。仮処分の今の争点は「伊方原発基準地震動の脆弱さ」に絞り込まれています。我々は双方の主張をかみ合わせたいのですが、四国電力側はできるだけ避けています。仮処分は一年以内に決定を出すのが原則ですが、提訴から二年になる二〇二二年三月までに決定が出るかどうか微妙です。

伊方原発運転差し止め訴訟は広島県以外に愛媛、大分、山口の四県の住民が中心になって司法に訴えていますが、原発のある県では全国すべての県で訴訟に立ち上がってほしいです。

私は原告の一人として、沖縄辺野古の浜のテントに掲げてあるスローガンから学び、「勝つ方法はあきらめないこと」の精神で臨んでいます。

7 沖縄、高江・辺野古への思い

●二〇一六年、高江での初めての体験

二〇一六年七月、沖縄防衛局は沖縄東村高江にヘリパット建設に着手しました。米海兵隊北部訓練場の基地の大半を返還する条件として、希少種の宝庫、やんばるの森国立公園の中に六か所のヘリパット移設です。東村高江地区の住民総会で反対決議し、二〇〇七年からゲート前に抗議のテントが張られています。

工事車両を阻止するために早朝四時に起きて、辺野古から車で一時間弱の道のりで七時までに現地に到着するのですが、二〇一六年九月に初めてその現場に参加した私は、本土から動員された機動隊五〇〇名が、これが法治国家かと、目を疑うほどの暴力行為を繰り返し行なっているのを目撃しました。資材は自衛隊のヘリコプターで搬入もしていました。一民間企業が請け負った工事現場に自衛隊が協力するなど、何の法律を適用したのでしょうか？

「民主主義を破壊」

被爆者・上田さん　市民排除に抗議

東村・高江

東・国頭 ヘリパッド工事再開

【ヘリパッド取材班】広島県出身で「東京都原爆被害者団体協議会」元事務局次長の上田紘治さん(74)＝東京都＝がこのほど来沖し、東村高江の米軍北部訓練場の新たなヘリコプター着陸帯（ヘリパッド）建設の抗議行動へ参加した。太平洋戦争末期に原爆が投下された広島、長崎の被爆証言集を核保有国など海外の言語に翻訳する計画を進めている上田さんは、全国の機動隊を動員して抗議行動を制止し、ヘリパッド建設を強行する現状を見て「民主主義を破壊している」などと訴えた。

上田さんは広島に住んでいた3歳の時、原爆が投下され、爆心地から約10キロ地点で被爆した。被爆当時の記憶はないが、被爆の実相を知ってもらう活動を続けてきた。2014年、在日バングラデシュ人ジャーナリストの友人ブラシドさんの協力を得てベンガル語と日本語の両方で17人の被爆者の証言をまとめた書籍「広島の声」を出版した。核保有国で使われる言語で今後も出版を続けていく予定で今年8月1日には中国語でも出版した。

上田さんは8月31日から9月7日に沖縄に滞在し、米軍普天間飛行場の移設が計画される名護市辺野古の座り込み現場も訪れた。上田さんは基地強化は平和につながらないことを強調し「抗議行動で正当な意思表示をしている人を（警察が）引き抜くのは許せない。被爆者の願いは、再び被爆者を出さないことだ」と建設阻止を訴えた。

ヘリパッド建設に反対する市民らの抗議現場を訪れる上田紘治さん＝1日、東村高江の県道70号

「琉球新報」（2016.9.17付）の記事

納得がいかない私は、東京に帰ってすぐ、テレビ朝日とTBSに是非、現地の取材をと本社を訪れ、申し入れもしました。

観光でしか訪問したことのなかった沖縄でしたが、この時の高江での体験が私を辺野古に引き付けることになり、以後、特別の用がない限り、四季折々に辺野古・高江に一～二週間滞在し、抗議行動に参加するようになりました。

『蟹工船』の著者・小林多喜二は、平和を訴えたがために時の権力に虐殺されました。当時、小林多喜二のような国民が多数であったならば、戦争も原爆もな

かった……。そう思うと、今、生きている我々が平和の声を挙げることが重要で、辺野古に基地を建設しても平和は絶対に来ないのは明らかで、これからも限りなく沖縄の方たちと、思いと行動を共にしたいと思っています。

辺野古新基地建設地の大浦湾には、マヨネーズ状の軟弱地盤が海底九〇メートルに存在し、活断層も存在しています。沖縄の方たちは「勝つ方法はあきらめないこと」と固く誓い合っています。辺野古新基地建設は絶対に実現しません。

キャンプ・シュワブのゲート前の抗議者を排除する機動隊

●辺野古の一日

辺野古の一日ですが、宿で朝食を七時に済ませ八時前からはキャンプ・シュワブ前の座り込みの準備が始まります。マイクをセットし、座り込み用のいすを並べ、のぼり旗を立て、参加者には走り行く車に向かって意思を示す「辺野古に基地はいらない」「民意に従い基地建設中止を！」など様々なプラカードが用意されています。

工事車両は一日に三回、ほぼ一〇時、一二時、一五時に埋め立てる土石や機材をダンプカーで搬入しています。工事を一分でも一〇分でも遅らせることを目的にゲート前に座り込みします。パトカーに先導された土石搬入車両がゲート前に来る直前に、基地内に待機している沖縄

辺野古の埋め立て現場

辺野古埋立て抗議カヌー隊

本部・安和港（2020.11）

県警が出てきて、座り込みしている我々を排除するのですが、三人四人がかりで一人一人を抱え県警の人囲いの中に連れ込みます。すべての座り込み者を排除した後、民間の警備会社員の誘導に従ってダンプカーが基地内に侵入します。

一日三回、同様の繰り返しですが、遅くとも一六時には終了し、一日約三〇〇台のダンプカーが土石や機材など運び込んでいます。

我々の抗議行動に対抗するため、沖縄防衛局は、陸だけでなく本部《もとぶ》・安和港の民間の港も利用し、船で土石を搬入するようになりました。これに対してもカヌー艇を編成しゲート前と同様に八時から十数艇で海上阻止行動を繰り広げています。抗議・監視船「平和丸」も三隻あり、カヌー艇の安全を見守ると同時に土石搬入船の監視もしています。

海上は陸と比較して抗議する人員が少ないことを利用して、当初、海上保安局は、高速ゴムボートでカヌー艇に体当たりし、一人乗りのカヌー隊員を羽交い絞めにして頭を海の中に押さえ込むなど蛮行を繰り広げました。私の友人もその一人で、回復までに数か月、自宅療養を余儀なくされました。

さすがに今は、そのような暴行は無くなり一応紳士的なふるまいをしています。

辺野古海岸でのテント座り込みは二〇〇四年四月から一日も休むことなく継続し、ゲート前は二〇一四年七月から同様の取り組みをしています。日曜日には、だれでも参加できるカヌー教室や「平和丸」で海に出て工事の様子を確認もできます。

辺野古新基地建設での費用は県の試算で二兆五千億円、ALSOKなど民間警備会社に支払う費用は一日で二〇〇〇万円です。沖縄県民の民意を無視して、経費全てが税金で賄われることを考えると、民主国家・政治の在り方などについて、一人一人が真剣に考えることが求められていると思います。

巨大な土石搬入船

ガット赤土輸送船

埋め立ての進捗ですが、大浦湾側の埋め立てではなく、その反対側が埋め立てられていますが、二〇一八年一二月一四日から土石投入が始まり、二〇二一年一月までの二年余で完成予定の四・三％です。このペースで行くと五〇年かかる計算になります。

また、沖縄防衛局は、埋め立て用土砂を沖縄本島南部糸満市、八重瀬町から採集する計画です。この一帯は沖縄戦で二人に一人が亡くなるなど地獄のような戦場と化した地域で、現在も多くの遺骨が未発掘で地中に眠ったままです。繰り返し県民が新基地建設に反対の意思表示をしている上に、遺骨を含む土砂採集は人の心を失った行為で決して許されません。

●辺野古でも「ヒバクシャ国際署名」

抗議会場近くに駐車場を用意して、車両で買い物や用足しなどの送迎をするのですが、免許証を返納するまでは私も運転スタッフの一員として参加していました。また、抗議行動の参加者には次項で紹介する二〇一六年から始まった「ヒバクシャ国際署名」をお願いしたり、時にはスピーチしたり、持参したオカリナで皆さんと一緒に歌ってもらったりしました。

鳩山友紀夫元首相も、年に数回辺野古に来て挨拶されますが、なかなかいい発言をされ、「ヒバクシャ国際署名」にも快く協力いただきました。鳩山さんは、国会近くの紀尾井町と那覇に東アジア自治体研究所の事務所を構えておられ、私は渡沖した時は毎回訪れ、沖縄の情報を得ているのですが、会員にもなりました。

二〇一九年二月二四日投票の辺野古新基地建設の埋め立ての賛否を問う県民投票の際には、

元ＳＥＡＬＤｓの元山仁士郎さんが、一月に宜野湾市役所前でハンガーストライキをされている現場にもかけつけ激励することもできました。

作家の落合恵子さんもキャンプシュワブでお会いし、多くの出会いがあります。落合恵子さんには東京青山にあるクレオンハウスで「ヒバクシャ国際署名」の協力もしていただきました。

「ヒバクシャ国際署名」に協力する落合恵子さん（2017.3.20）

辺野古・高江での抗議行動に参加することを通じて、地元の方などと未来につながる多くの友人が出来たことは大きな喜びの一つです。

コロナ禍が落ち着いたら辺野古・高江行は再開ですが、辺野古地域を歩いていると目に付く立派な家屋が所々に存在します。聞くとその家屋の方たちは基地建設賛成の方だそうです。

二〇二〇年の三月と一二月に渡沖の予約をしていましたが、コロナ禍のため二度ともキャンセルしました。コロナ禍が収まれば、何はともあれ一番に辺野古に行くつもりです。

8 核禁条約の発効と「ヒバクシャ国際署名」の取り組み

●二〇一七年七月七日、画期的な「核兵器禁止条約」の国連採択

二〇一七年七月七日、国連は、加盟国一九三ヵ国中一二二ヵ国の多数で、核兵器禁止条約を採択しました。気になっていた私は、深夜にパソコンを開きその事実を知りました。

核兵器のない世界の実現のために生涯をかけた多くの先輩被爆者は、志半ばで亡くなったのですが、今まで指導いただいた方たちの顔が次々と浮かび、一人涙しました。条約の前文には被爆者が果たしてきた役割が評価されていますが、夢のような思いです。ここまで到達した現状をしっかりと報告し、感謝の気持ちを伝えたく思います。

今、人類史上でも、画期的な時に私たちは生きているのではないでしょうか。

戦争中とはいえ罪なき一般の人々が一瞬にして全てを奪われ、七五年経過した今でも健康不安や生活不安を抱えながら生きているのが「被爆者」です。

少し振り返ってみたいのですが、第一次世界大戦後に日本の委任統治領であったマリアナ諸島のテニアン島は、一九四四年八月に米軍が奪い、日本への爆撃基地となり、一九四五年八月六日、広島まで二七四〇キロメートルの距離を、六時間三〇分かけて飛来してきたB29爆撃機（エノラゲイ）は、午前八時一五分、ウラン原爆（リトルボーイ）を広島市の上空六〇〇メートルに投下・爆破させました。

広島に投下された「リトルボーイ」

米軍は模擬のリトルボーイで約五〇回は投下訓練を各地の空爆で繰り返し、万全の準備をしたそうですが、爆発時の上空の温度は七〇〇〇℃～八〇〇〇℃、直径五〇〇メー

核兵器禁止条約が採択された歴史的瞬間（「しんぶん赤旗」2017.7.9より）

トルの爆心地の地上温度は三〇〇〇℃～四〇〇〇℃、太陽の表面温度が六〇〇〇℃ですから、それ以上の強烈な温度、爆風、何よりも怖い放射線にさらされました。広島市内の直径四キロメートルの範囲は熱線と爆風で一〇秒足らずで破壊されましたが、熱風は音よりも早い猛スピードで街を襲いました。

当時、医者にも放射能の知識はなく、放射能は直爆と合わせて体内に入り込んだ放射性物質で次々と亡くなるのですが、被爆した方が亡くなるとともに、後から身内や知人を探して市内に入った健康な方たちが、頭髪が抜け、歯ぐきから出血し、体中に紫色の斑点ができ、被爆した方たちと同じ症状で次から次と亡くなりました。体内に取り込まれた放射能はＤＮＡを傷つけるため、生涯健康をむしばまれるとともに、子や孫たちにもその影響があります。そのため、結婚することをあきらめ、子供を持つことをあきらめ、人生の中でも大きな喜びの瞬間であるはずの子や孫が誕生するたびに、自分の悩みを誰にも語ることができないで一人心配するのが被爆者です。

最も救援の手を差し伸べて欲しい時期にも拘らず、一二年間は全く放置されたため、主に就職や結婚などで社会に偏見と差別が広がりました。

先にも述べましたが、私は原爆投下は「人体実験」だと思っています。終戦後、日本を統治したアメリカは被爆者に対して決して「治療」はしませんでした。当時のＡＢＣＣ（原爆傷害調査委員会、現在、放射線影響研究所）は一〇万人以上の被爆者を対象に、年一回検査するだけで、収集した資料はすべてアメリカに持ち帰っています。戦後の物資の乏しい時代ですから、被爆者は治療を受けることを期待したのですが、見事に期待は外れました。

その年の暮れまでに広島と長崎で二一万人＋－一万人が亡くなりました。口では表現することができないこの世の地獄を体験した被爆者ですが、報復を叫んだことはありません。私たちの願いは「再び被爆者をつくるな」「核兵器のない平和な社会」の実現です。この様な被爆者の運動を国際社会が評価されたと理解し、誇りに思っています。

日本が加害国として戦争を仕掛けた第二次世界大戦は、世界で五〇〇〇万人、アジアで三〇〇〇万人、日本では被爆者を含め三一〇万人（軍人・軍属二三〇万人約六〇％一四〇万人が飢餓死。世界で例のない補給路を確保しないで兵を送り出した）の尊い命が奪われました。二〇世紀は二度も世界大戦を経験したのですから、二一世紀は武力では決して平和は実現しないことを負の遺産から学ぶことが大切と思います。特に世界の指導者は、この被爆者の精神に心を寄せてほしいです。

●二〇一六年に開始された「ヒバクシャ国際署名」の取り組み

国連で核兵器禁止条約が採択される一年前、被爆者の全国組織である日本原水爆被害者団体協議会（被団協）は、二〇一六年四月、世界に向かって核兵器を禁止し廃絶する条約を結ぶことをすべての国に求める「ヒバクシャ国際署名」に取り組み始めました。この時点で被爆者の平均年齢は八〇歳を超えていましたが、二〇二〇年までに世界中で数億筆集めるという大きな目標を掲げ、国連に提出する署名です。

私の住んでいる八王子市内を中心に、今まで訪れたことのない色々な団体を訪問し協力のお願いをしました。市内一三二寺を組織する八王子仏教会、キリスト教会、遺族会、商工会議所、医師会、社会福祉法人、八王子市議会政党各会派、労働組合……。

コロナ禍までは、四季折々訪れていた沖縄辺野古キャンプ・シュワブ前でも訴えました。辺野古では新基地建設阻止行動に参加しているのですが、抗議行動も一六時には終わり、後は翌日に備えるだけです。その間、時間がありますので基地周辺の家々を訪問し署名をお願いもしました。キャンプ・シャワブ前で出会う方々にも、私宛の住所を記入して切手を貼った封筒と署名用紙を渡し、後日、集めてもらった署名用紙を送ってもらう事も毎回繰り返しました。

基地周辺を訪問した体験ですが、三階建てで周辺では決して見かけないとても大きく立派な家があり、対応してもらったご主人とお話ししましたが協力は得られませんでした。後で聞くと辺野古新基地賛成の方とか、基地建設を巡って住民の方々との対応を巡って複雑な思いを体験しました。辺野古基地周辺ではほとんどの方から署名の協力を得ましたが、キャンプ・シュワブ前の座り込みの抗議行動に参加する地元の方は皆無といっていいと思います。

八王子仏教会事務局・興林寺阿川副住職と。

八王子市内にある社会福祉法人では各事業所から六〇〇筆を超える署名、東電の職場でも二〇〇筆余。近くの教会ですが、その教会が企画する八月「平和の日」に集まった六〇名余の皆さんの前で、被爆の実相をお話しさせて頂き署名の協力を得ました。署名を通じて思いを共有できる方たちとの新たなつながりは、私にとって今後に活きる大きな財産です。

多くの方たちからの協力を得て、最終的には二〇二〇年九月一六日、被団協に五六九〇筆を提出することが出来ました。ご協力いただいた方たちには感謝しかありません。

●二〇二〇年一〇月二四日、核兵器禁止条約の批准国がついに五〇か国に

国連で核兵器禁止条約が採択されてから三年三ヵ月経過した二〇二〇年一〇月二四日、七五年前に国連が創立された記念の日ですが、ついに核兵器禁止条約に署名した国は八四ヵ国、批准した国が五〇カ国になりました。九〇日後の二〇二一年一月二二日には国際条約として効力を発揮しますが、国連で採択された日、批准国が五〇ヶ国になった日、国際条約として効力を発揮する日の三つの日付は、永遠に歴史に刻まれる日付ではないでしょうか。その後、二〇二一年二月二六日現在、署名八六ヵ国、批准五四ヵ国に到達し、日本国内でも四月二二日現在、五五六地方議会（全自治体の約三割）が参加を求める意見書を採択しています。

被爆者は二〇二〇年までに核兵器のない世界を訴えてきましたが、実現はできませんでした。しかし、大きな足掛かりを得ることが出来たことから、世界で核兵器がゼロになるまで私たちの思いを受け止める方たちに託したく思います。

戦後七五年間、核兵器があるから平和が保たれているという「核抑止論」が世界を支配してきましたが、核兵器の開発、実験、製造、生産、獲得、保有、貯蔵などが否定されます。

世界で軍事費は約二〇〇〇兆円、核開発関連では約八兆円と言われていますが、この膨大な予算を今、世界中を襲っているコロナ禍から人類を守るためにも、社会に役立つ福祉や教育に転換できる機会が来たので、声を上げることが重要と思います。

生物兵器禁止条約（一九七二年）、化学兵器禁止条約（一九九三年）、クラスター爆弾禁止条約（二〇〇八年）、対人地雷禁止条約（一九九七年）など当初、保有国は参加していませんでしたが、今では国際条約として有効に機能しています。アメリカは核兵器禁止条約を批准した国に破棄するよう働きかけていますが、核保有国や日本のような「核の傘」に入っている国は、簡単に核兵器廃絶に協力するとは思えません。しかし、ここまで来た国際社会の流れを押しとどめることはとても不可能なことです。

締約国会議は来年一月一二～一四日にオーストリアのウイーンで開かれ、条約が守られているかどうかを議論されることが決まりました。今後は、批准国は五四ヵ国にとどまらず一〇〇ヵ国を目指し、何よりも被爆国日本が批准すれば世界に与える影響は限りなく大きく、それこそ、国際社会から信頼を得て、憲法九条が輝くのではないでしょうか。

核兵器禁止条約は核兵器廃絶に向けて、大きな足掛かりを得ましたが、地球温暖化も待ったなしの状況と認識しています。産業革命後一・五℃以内に保つこと、このまま進むと二〇三〇年にはその限界に到達し、地球自らの自浄能力を超えるとの声も聴きます。世界はＳＤＧｓに取り組んでいますが、日本は大きく立ち遅れています。

　被爆者としてなすべきことを成し遂げられるよう、残りの人生を送りたいと思っています。何よりも未来ある子供たち次世代のために！

●ついに、核兵器は国際条約で禁止！　条約発効の日に八王子駅頭で訴えました

　二〇二一年一月二二日、核兵器禁止条約が発効されました。七五年余の歳月を経て、核兵器がついに違法となったのです。化学・生物兵器、クラスター爆弾や対人地雷の禁止条約も当初、保有国は未加入でした。今後、違法となった核保有国や「核の傘」国は、政治的・経済的・社会的包囲が待ち受けるでしょう！　憲法九条が真に生き、国際社会で信頼を得るためにも、核兵器禁止条約を批准する政府に転換することが批准一〇〇ヵ国を目指すと共に、次の私達の課題となりました。

　この日を待たずに亡くなった多くの先輩を思い浮かべると、涙が出ます。

　一月二二日、八王子駅頭に八五名が集り、この日に国際条約として確定した核兵器禁止条約

の宣伝行動をしました。

以下、その時の私の発言内容を纏めてみました。

私は、広島で三歳の時に被爆した鑓水に住む上田紘治ですが、当時の記憶はありません。我が家は当時、爆心地から四〇〇メートル以内、現在の平和公園の中にありました。

爆心地は上空で七〇〇〇〜八〇〇〇度、地表面で三〇〇〇〜四〇〇〇度と言われていますが、その時、家族は中国山脈側に一〇キロ位に離れたところにいたため現在があります。もし、自宅にいたら今の私は存在していません。当時、母は二六歳、私と二歳の妹の三人が被爆者です。

戦後七五年間「核抑止論」が世界を支配していました。しかし、今日二〇二一

八王子駅頭で訴える筆者（2021年1月22日）

年一月二二日は、核兵器禁止条約が国際条約として効力を発揮する新しい世界の幕開けです。人類の進歩を感じるのですが、ここまで尽力された全ての皆さんと喜びを共有しお礼を述べたいと思います。また、この日を迎えることなく、核兵器廃絶を生涯訴え続けた多くの先輩方は亡くなりましたが、そのことを思うと胸がいっぱいになります。

二〇一七年七月七日、国連で一二二ヵ国の多数で核兵器禁止採択されてから三年半、二〇一六年春から二〇二〇年に核兵器廃絶を目指して始めた「ヒバクシャ国際署名」は、今年一月一三日に最終集約の一三七〇万二三四五人分が国連に提出されました。私も、仏教会、社会福祉法人、東電の職場、遺族会、市職員組合、辺野古などで五六〇〇筆を超えるご協力を得ました。重ねて感謝とお礼を述べたいと思います。

被爆者は口では表わすことの出来ない体験をしました。一瞬にして家族や家屋など全てを失い、最も手を差し伸べてほしい時期に一一年間も放置されたため、偏見と差別の中で生き延びてきました。健康や心の不安を抱えながらも就職差別、結婚差別に遭い、当時のＡＢＣＣ（現在の放射線影響研究所）は検査すれども治療は皆無でした。その年の暮れまでに広島で一四万人±一万人、長崎で七万人±一万人の罪なき尊い命が奪われました。当日の死亡者の六五％が子供、老人、女性で、一〇歳代の学徒動員の死者は多数で四人に一人が学徒動員でした。

私は、原爆投下は人体実験だったと思っていますが、被爆者は報復を叫んだことはありません。被爆者を名乗って何のメリットもありませんが、訴え続けたのは「再び被爆者をつくるな」「核兵器のない平和な社会の実現」です。武力からは決して平和は実現しません。世界の指導者は被爆者の思いをくみ取ってほしいと強く思います。

今回、核兵器廃絶に向けて大きな手掛かりを得ましたが、アメリカは批准した国に破棄を迫り、国連常任理事国の五か国が全て核保有国で背を向けています。しかし、過去に見られるように、化学・生物兵器、クラスター爆弾、対人地雷などの禁止条約も当初は保有国は参加していませんでしたが、現在はそれぞれ国際条約として立派に機能しています。今後、核保有国、「核の傘」国は、政治的、経済的、社会的包囲が待ち受ける事でしょう。我々には道理があり必ず勝利します。沖縄・辺野古の浜のテントに「勝つ方法はあきらめないこと」とありますが、この精神で進みたく思います。

現在、八六ヵ国が署名し、五四ヵ国が批准していますが、年内に七〇ヵ国、早期に一〇〇ヵ国の批准を目指し、何よりも日本政府に対して批准を求める署名を多く集めることが重要です。

被爆者の平均年齢は八三歳を越え、残す時間も後わずかとなりましたが、皆さんとご一緒に取り組んでいきたいと思います。

共に頑張りましょう！

［広島三歳被爆・上田紘治］

第Ⅱ部

ヒバクシャとして海外での活動

9 一九八二年、国連軍縮総会へ代表参加のはずがカナダ訪問へ

●平和運動・被爆者運動に関わるきっかけになった国連軍縮特別総会（SSD）

一九七〇年代後半は、世界で反核平和運動が高揚した時期でもあり、第一回国連軍縮特別総会（SSDⅠ）は一九七八年に開かれました。私も参加するはずだった四年後、一九八二年の第二回総会（SSDⅡ）には、日本から一二〇〇人以上の代表団が参加し、日本被団協代表委員の山口仙二さんが被爆者として初めて国連で熱烈な発言をされました。

その後、一九八八年にSSDⅢが開かれましたが、以後、開かれていません。二〇一七年に核兵器禁止条約が国連で採択されたこともあり、二〇一九年にSSDⅣが開かれるとの機運もありましたが実現しませんでした。

本書の第Ⅰ部で触れたように、私が平和運動・被爆者運動に生涯関わろうと決心したのは四〇歳の時、一九八二年六月からニューヨークで開かれた第二回国連軍縮特別総会（SSD

Ⅱ）に、武蔵野市の地域代表二人のうちの一人として選出されたことがきっかけです。当時、まだ「被爆手帳」を持たず被爆者としての自覚がなかった私がなぜ選出されたのか、今でもわかりません。

四月一七日に、数百人の方たちが集まった壮行会が開かれ、私は地域代表としての挨拶の中で、初めて「私の母と妹は被爆者」ですと公言しました。当日、武蔵野市長を表敬訪問し記者

国連で原爆許すまじ
6月の軍縮総会
被爆者二人が訴え
市長も協力約束
武蔵野 訪米資金のカンパに

朝日新聞

読売新聞

サンケイ新聞
「反核を訴える」

毎日新聞

会見をした様子が翌日の新聞各紙に写真入りで大きく報道されました。小学校低学年の時、広島の地方紙、中国新聞社発刊の子供新聞に掲載された経験がありますが、大人になって初めて新聞記事に登場です。

●東京から申請の参加者は米国が入国拒否、私はカナダへ

日本からの代表団は市民団体・平和団体などから約一四〇〇人が予定されていましたが、当時のレーガン米大統領は平和を語る人々の米国への入国を妨害し、私たち二人を含め二〇〇人以上の代表にビザの発給を許可しませんでした。

出発直前に米国への入国を拒否された私たちはやむなく、急遽カナダ組とヨーロッパ組に分かれて行先を変更し、私はカナダのバンクーバー、トロント、モントリオールに行き、もう一人の方――武蔵野市の被爆者組織の会長さんでしたが――はドイツに行くことになり、それぞれの国の平和団体や地域の方たちと交流することになりました。

この騒動の間、我々はホテルで待機していましたが、数百人になるパスポートの行先変更、宿の手配は当然ですが、いきなり白紙の状態にされて、どこへ行き何をするのか……関係者は半端ではない大変なご苦労をされたと思います。

ヨーロッパ組は一一〇名、我々より一足早く「NATO首脳会議に反対する六月一〇日ボン国際集会」に参加するため、6月8日、成田からボンに向かいました。

以下は、カナダ組の八一名に参加した私のカナダでの日程です。

6月10日　成田発18時45分→バンクーバー→トロント20時40分（泊）→トロント発9時→モントリオール着10時4分（泊）

米国入国拒否の八一人がカナダへ。現地では二班に分かれて行動する。カナダの代表二名も国境で足止めされている。

6月11日　モントリオール（泊）

「モントリオール軍縮連合」が組織した約一五〇〇名の代表団がニューヨークに出発する場で歓送と交流。地元の平和運動活動家三名の話を聞き交流する（①軍縮連合の方、②カナダ戦争抵抗者同盟の方、③トリニタード・トバコの留学生）。

6月12日　トロント（泊）

ラ・フォンティヌ公園で「カナダと世界で軍縮を進めるピクニック集会」（約七〇〇名）

に参加。代表団挨拶、被爆の写真展示、歌「原爆を許すまじ」、折鶴コーナーと大活躍。

6月13日　トロント（泊）

トロント在住日系カナダ人の方との交流。中村会長、ロイ新日本文化会館会長らと懇談。約一五名の方に映画「にんげんをかえせ」を観てもらう。

6月14日　トロント（泊）

ラニーミード・パブリック・スクールで全校生七〇〇名に被爆の実相を語り、各教室に分かれて質問に答える。通訳は日本人の子供。

サーロ・節子さん

サーロ・節子さんと懇談。「トロントを中心に半年前から反核・平和運動が急速に広がっている。六月には一万五千人の〝ピース・マーチ〟や二万人の集会が成功した。五〇団体位が集会に結集した。一方で、巡航ミサイルの建造・実験が進められ取り締まりも強化されている」と話された。

6月15日　バンクーバー（泊）

バンクーバー在住の日系の方達と交流。

6月16日　14時バンクーバー発→成田着

訪問したのは三都市でしたが、空気・街はきれいで自然環境が良く、夜でも一人歩きできるほど治安も良く、ホテルも歴史ある宿でした。朝食は、宿泊中連日全く同じで、パン、牛乳、ポテト、サラダ……流石に飽きが来て食欲がなくなり、帰国して測定したところ二キロ体重が減少していました。

当時、私はまだ「被爆手帳」を取得していないことから被爆者としての自覚もなく、まだ運動にも関わっていなかったため、サーロ・節子さんのことも知りませんでした。今思うと、貴重な機会が多々あったにも関わらず、有効に活用していなかったことが惜しまれます。

●発言機会を失った「幻のメッセージ」

米国への入国拒否にあって私が代りに訪れたカナダの地で発言の機会があるとの情報もあり、私は英文の原稿を用意したのですが、残念ながら発言の機会は訪れませんでした。また、藤本武蔵野市長と矢島市議会議長からもメッセージを預かりましたが、活用することはできませんでした。発言の機会を失った私の「幻のメッセージ」は以下の通りです。

メッセージ

私は広島市に生まれました。家族は、爆心地から約一〇キロほど離れたところに住んでおりました。私は三歳半でしたが、一九四五年八月六日に起こったことは、はっきりとした記憶がありません。

その時私は、ベランダに寝そべって祖母の読んでくれる話を楽しんでおりました。突然の閃光と爆音に驚き、祖母は私を背負って、庭へ出ました。少したって、白いパラシュートが上空からゆっくりと降りてくるのを見ました。それを見て近隣の人達は大騒ぎになりました。

その日の午後から、被爆した方たちが学校や寺院などへ避難してきました。私の母は、その人たちを助けるために出かけ、この世の地獄を体験したのですが、事あるごとに母は私に話してくれました。

焼けただれた顔、腕、手、むけた皮膚は、約二〇センチもぼろ布のように垂れ下がっていました。水を求める被爆者に、その人の手を握ると手の皮膚はツルリとむけてしまうのです。薬も何もなく、ただ水で傷口をきれいにするだけでした。

翌日になると、傷口にはたくさんのウジ虫が這っていました。傷ついた人々は痛みで叫んだり呻いたりしていました。しかし、箸で蛆虫を取り除く以外は、言葉で励ます以外に何もできなかったのです。次々と人々は亡くなり、その死体を重ねて川岸で燃やすのですが、中にはまだ生きている人もあり「ギャー」と最後の悲鳴を上げたそうです。

私の母も援助活動のために残留放射能を受け、被爆手帳を取得していますが、元気に広島で生活しております。被爆者は自分たちの経験を通して核兵器がいかに恐ろしいかを知っています。

超大国の指導者たちは、「ノーモア広島／ノーモア長崎／ノーモアヒバクシャ」の声に反して、核兵器に固執していますが、武力では決して平和は実現しません。核戦争の悲劇が二度と起きないことを訴えます。世界の何処にも被爆者が体験したことを、絶対に繰り返してはいけません。

平和のために共に歩みましょう。ありがとうございました。

一九八二年六月　　　　　　　　　　上田紘治（東京都府中市白糸台3－8－106）

10 二〇〇三年、オマハ、ワシントンでの「被爆の実相」普及遊説

私は二〇〇二年九月に六〇歳で定年退職しましたが、現役の時から東京の被爆者団体の役員をしていた関係で、二〇〇三年八月、被団協「アメリカ中部・東部 被爆の実相普及ツアー」の四人の代表団の一員として選出され、ネブラスカ州のオマハ、ワシントンDCに派遣されました。現地の平和団体が、被団協に働きかけ実現しました。

選出された四人は、東京からは同期である私と中西英治さん、岩手から斎藤政一さんと宮永龍馬さんですが、宮永さん以外は「広島被爆者」でした。

まず一行の日程と足取りを〝日報〟風に紹介します。

●成田から直航便でオマハへ。オマハでの三日間

・7月31日（木）15時15分、成田発ノースウェスト020便で出発（被団協小西事務局次長、

欠塚事務局員、上田夫人が見送り）。
・同日12時15分（現地時間、以下同じ）、ネブラスカ州オマハ空港着（NFP［Nebraskans for Peace］のケリー・ヴィグネリさん、マルガリータ・シャディさんが出迎え）。空港でテレビ二社（ABC、NBC系列）の取材を受ける。【オマハ泊】
・8月1日（金）朝、KETVに出演。昼、リンカーンのプレイリー平和公園を見学、「リンカーン・ジャーナル・スター」紙の取材を受ける。夜、オマハ市ジーン・リーヒー・モールでの集会（NFP主催）に参加、宮永、中西が被爆証言と歌。【オマハ泊】
・8月2日（土）朝、ネブラスカ州立大学オマハ校のワークショップに参加。昼、米戦没者メモリアルパークでの「国際平和集会」に参加。斎藤、上田が被爆証言。代表者グレッグ・メローさんと交流。【オマハ泊】
・8月3日（日）朝、ベルビューのイヴリット公園で各宗教宗派合同の祈りの行事に参加、つづいてオファットにある米戦略司令部STRATCOMへデモ行進、市民査察隊による司令部「査察」とゲート前集会に参加。中西がスピーチ。
・同日13時25分、オマハ発ノースウェスト3736便で出発。デトロイトで乗り換える予定の同276便がワシントンDCのロナルド・リーガン空港落雷のため欠航、やむなくデトロ

イトのホテル「クオリティー・イン」に一泊。【デトロイト泊】

●8月4日、ワシントンDCに到着

8月4日（月）13時45分、デトロイト発ノースウェスト256便で出発。三〇分以上遅れての出発で、昨日（デトロイト泊）の二の舞かとヒヤヒヤしたが、離陸して思わず手を叩く。15時40分、一日遅れでやっと約五〇万人が住む首都ワシントンDCリーガン空港に到着。

ジョン・スタインバックさん

ワシントン広島・長崎平和委員会のジョン・スタインバックさん、エレン・トマスさん、通訳をしてくれる立命館大学とワシントン大学の交換留学生・高須賀淳さんと鈴木利佳さん、もう一人黒人男性の五人の出迎えを受ける。空港でジョンさんが大きな声で歓迎の言葉を話す。彼は、地元の有力な平和活動家で一一五キログラムの巨漢。エレンさんは日本では超見かけない車でたびたび運転をしてもらった。

宿泊先までの途中、車窓から観光案内をしてくれる。ホワイトハウス、上院・下院議員会館、図書館、大使館街を通って、道草しながら宿泊先の日本山妙法寺に着く。建物の外観は地元の住宅と変わらないが、当然ながら内部は日本と同様、本堂に大きなお釈迦様の仏壇。

夕食メンバーは、一人でお寺を受け持っている市川僧、今回の受け入れ責任者の宮崎さゆりさん、通訳の山根友美さん、われわれ四名の総勢七名で、献立はカレーとそうめん。宮崎さんは、日米環境活動支援センターで活動し、被爆者の受け入れを二〇〇〇年から受け持っているそうです。

翌日からは、〈ワシントンＤＣ・ツアー組〉（斎藤・上田）と〈ニュージャージー・ツアー組〉（宮永・中西）の二班に分かれて行動。

●8月5日、〈ワシントンDC・ツアー組〉（斎藤・上田）の活動開始

朝5時半から一時間、本堂で朝の御勤めに「南無妙法蓮華経」と連呼しながら参加。丸い太鼓を左手に持ち右手の棒で叩く。初めての体験でリズムよく連続では叩けず、左右の手で太鼓を持ち替えては叩く。

お寺からの出発時、文字通り亜熱帯のようなスコール。まず、ニュージャージー組を見送るためにいくらも離れていないユニオン・ステーションに行くのだが、その近辺は晴れている。

正午前に、通訳の山根友美さんと宮永龍馬さん、中西英治さんのニュージャージー組の三人を見送ったあと、ワシントンＤＣ組は、これから一週間お世話になる滞在先のネイル＆サラ宅に向かった。

ネイルさんは元海兵隊員で、ベトナム戦争時の一九六八～七二年まで、トルコで通信の任務として参戦。現在は平和主義者として活動しており、被爆者の受け入れも今回で通算七回目とのこと。来日も数回しており、日本文化にも大変に理解が深く、大の和食通。滞在中の朝食はいつもご飯、味噌汁、のり、納豆、おしんこ付という具合だ。七味唐辛子もあり最高。正直、この日本食がなかったら、確実に体重減になっていたというのが今までの海外滞在経験だ。

広島への原爆投下時刻の日本時間に合わせた18時30分から、リンカーン・メモリアル公園リフレクティング・プール前で「広島追悼市民集会」に参加。一〇〇名近い参加者の前で、斉藤さんと私が被爆証言を発表。その後、灯篭流し、犠牲者の冥福を祈った。

この時、斉藤さんが、当時のつらい思いがよみがえり声を出して涙する。斉藤さんは〝一・八キロメートル被曝〟で、腰から上半身を大やけど、肋骨と足を複数箇所骨折、現在も頭部にガラスの破片が残っていて季節の変化が体調を狂わせているとのこと。三日間の意識不明の間、遺体処理場に並べられ焼却寸前に意識を回復したという方。現在があることそのものが驚異という大切な方だ。遠く離れたしかもアメリカで、原爆投下と同時刻、この場所にいるとは、今まで全く予測しなかったことだろう。

【この日から八月一一日まで、ワシントンDCのニール＆サラさん宅泊。】

●8月6日、子どもたちのサマーキャンプ、被爆退役軍人の集会などに参加

午前中、セント・センサ・アビレード教会でサマーキャンプに参加する。小学生を対象に平和教育に二三年間取り組まれているジュリー女史の主催だ。斉藤さんは被爆体験を持参された紙絵で証言。私は、佐々木貞子を紹介して「折鶴」を説明した後、東友会の歌でもある「折鶴」をオカリナで吹き、皆で「折鶴」を折ったが、大いに盛り上がった。下手な英語で「ディフィカルト?」「ノー スペース」などと指導した。しかし、子供たちからは「出来ない」とからまれ、私に作るよう何人にも取り囲まれた。

昼食は牧師さんも参加し、みんなでお祈りをしてスパゲティをいただいた。

午後は、ペリー・スクール・センターで小学生を対象に午前と同様、ジュリー女史主催のサマーキャンプに参加し、斎藤・上田が被爆証言し、折り鶴、オカリナで交流を深めた。学校が貧困層地域であるために、静かに話を聴いてくれるか心配だと言って、父兄が数名協力するた

めに駆けつけていた。しかし、先生の心配は無用で、最後に子供たち一人ひとりに感想を求めた時の回答は、「友達が出来る工場があるといいね」「世界が安全な場所になればいい」「悪口を言うことはやめよう」「飛べるといいね」などと子供らしい発想で次々と手が挙がり、私たちの発信を受け止めてくれたようだ。

先生からお礼の言葉をいわれた後、「夜も同様の集いがあるが参加してほしい」と望まれたが、すでに予定もあり丁重にお断りした。この日は、父兄を含め二箇所で七〇～八〇名の方々と交流を深めた。

ネイル宅で、「フィラデルフィア」紙からの電話取材に対応。斉藤さんが被爆の実相を話し、翌日の新聞に報道された。

この日の夜は、フレミング・センターで、核実験場の風下地域の被害者と被爆退役軍人が集う核実験被害者の集会に参加。映画と討論会があった。ハードスケジュールを考慮して斉藤さんは休養し、私だけが参加し交流した。一九四五～六二年間の核実験による被害は二三万六〇〇〇人と報告された。現在、全米での被爆者は正確には判らない、「一〇〇万人単位だ」と後日ジョンが話す。「五〇年間戦争を止めているのだから核兵器は必要だ」「被爆二世には問題がないと聞いているが、どうなのか」などの議論があり、私は、「核兵器と人類は共存できない悪魔の兵器」であることを実相で説明し、被爆二世問題は現時点で医学的に証明することは困難だが、現実にある実例をあげて話し、討論に加わった。

この会場で、家族七名全員がガンに罹り、本人も顔に皮膚ガンがあるという元兵士で、私と同世代のご夫婦と会った。そして、互いに健康には気を付け、核兵器をなくすために力を尽くそうと熱い連帯の抱擁をした。一〇〇回はくだらないという核実験地域の風下地域の方だ。

討論の最中、第一次世界大戦から反戦運動に参加し、被爆者と毎年交流を深め、翌日に訪問する予定であるジョン・スタインバックの九七歳の夫人ルイーズさんの死亡が伝えられた。

●8月7日、反核NGOの活動家たちと交流、ルイーズさんを偲ぶ仲間たちとの夕食会

午前、核兵器廃絶のために活動するNGO「アメリカ科学者連盟（Federation American Scientists）」（核兵器廃絶のため活動する米でも有力なNGO）スタッフ一〇名と懇談し、暖かい歓迎を受ける。一九五一年にNGOとして設立された科学者の集まりだ。核兵器廃絶のため技術的な面の研究調査、政府との交渉、市民との対話教育などの活動をしており、全米でも権威あるNGOである。「このNGOとの関係を深めると、今後によい」と現地スタッフがアドバイスしてくれた。予定時間を大幅に超える。

午後、同様にＮＧＯ「合衆国学生パグウォッシュ（Student Pugwash USA）」を訪問し、代表の女性やスタッフ一〇名余と懇談する。このＮＧＯは、二五年前、当時は高校生・大学生を中心に平和・核兵器のない世界を実現するための活動を始めた。一九九五年にノーベル平和賞を受賞。現在、大量破壊兵器である生物・科学・核兵器の研究、議会に核兵器に反対する働きかけ、外交・教育を通じて核兵器をなくす運動を進めている。「今、日本の被曝運動は何をしているのか」「被曝に関する教育の現状は」「文化面、精神面での現状は」など話題になり「原爆症認定集団訴訟」の取組みや平和教育を後退させる「教科書問題」「戦後生まれが多数で被爆の実相を知らない世代が多く、被爆者の果たす役割が重要」と知る範囲での回答をする。昼食も用意され、暖かい歓迎で午前同様、予定時間を大幅に超過した。

夕刻、マナサスに住むログハウス風のジョン宅を訪問。帰宅を急ぐサラリーマンの車ラッシュの中、私たちの車は時速一三〇キロの猛スピードで走り、二時間余で到着した。昨日亡くなった夫人のルイーズさんが活動した生前の運動の話を聞き、日本茶で献杯する。

その後、仲間が待つ夕食会場に移動した。七キロメートル四方の広大な農場に一人で住むその主は独身男性、二六歳のパブロ・エリエットさん。三〇名余が集い、各人が食べ物や飲み物などを持ち寄り、自由な雰囲気のパーティーが始まる。おもむろに私が紹介されスピーチする。

その後の懇談では、日本政府の被爆者への対応、イラクになぜ派兵するのか、教育の現状、被爆者への差別など幅広い質問が出され、その一つひとつに答えた。また、ジョンへの感謝とルイーズの遺志を受け継ぐ気持ちを、参加者が強く固めようと訴えました。

見渡す限り広大でホタルも飛び交う大自然の中、ジョンは昨日夫人が亡くなったにもかかわらず悲しみを乗り越えて、仲間と一緒に私たちを歓迎してくれたことは忘れられない。日本では考えられないことだ。田川会長のことも思い出し、その夜、ベッドで胸が熱くなった。

●8月8日、ラジオ生出演、ピショットさん訪問、反核集会参加など

午前、地元WPFWラジオ局に二人で一時間の生出演する。司会者は全米でも知られた有名人だそうでジョンの友人。同局は会員制のFM局で、ワシントンでは一番平和問題に力を入れている局だそうです。われわれの出演した番組内容をCD録音して販売するそうでした。

視聴者からの電話では、予測どおり「真珠湾攻撃はどう思うか」「現在のアメリカについて」などについて意見を求められた。私は、真珠湾攻撃は率直に謝り、しかし原爆投下も非人道的で許せない、原因は戦争行為の中で起きた問題であることから教訓は二度と戦争を起こさないことだ、そのための努力をお互いにしよう、と呼びかけました。

コンセプション・ピショットさん

被爆実相を話していた斉藤さんが感極まり涙しました。司会者も、ジョンも、私も。通訳の平野さんは見事に対応してくれました。予断ですが、彼女はわが娘より年下で、「この様に成長されるお嬢さんなら、留学費用は親としても惜しまないね」と皆で話し合ったものです。番組終了後、「今までで一番出来がよかった」とジョンが言ってくれたのだが……。

引き続きもう一局で、斉藤さんだけが出演し、被爆の実相を話した。私たち二人の役割分担として、被爆の実相を斉藤さんが主に話し、運動面や情勢など主張したい点は私が主に話そう、と話し合った。

午後は、ホワイトハウス前の公園で、日焼けして小柄なスペイン出身の女性、コンセプション・ピショットさんにお会いした。彼女は一九八一年からホワイトハウス正面で二四時間、年中無休で核兵器廃絶を訴え続けていますが、お会いしたときは二二年目でした。

二つの立て看板に広島と長崎の被爆写真を掲げ、世界の観光者が立ち寄り彼女と言葉を交わして行く。中には心無い人も少なくないと言う。警備の警察官さえも。アメリカでは毎年、パールハーバーのことをその時期になるとマスコミが繰り返し報道しているとのこと。歴史は事実にそって客観的に正しく認識する大切さを改めて思い知りました。被団協から預かった英文パンフレット『HIBAKUSYA』を渡し、彼女が集めた「核兵器廃絶署名」を受け取りました。

彼女の毎日は、横寝は許されず常に座寝。冬場の暖が厳しいと聞き、早速ホカロンを送る約束をしました。「究極の正義がほしい」と語る彼女は、言葉だけでなく二二年間も実践を続けているだけに、なんと重みのある言葉だろう。一年前に、秋葉広島市長がこの地を訪れ、彼女に感謝状を渡している。私たちに見せてくれたが、このような行為は秋葉市長が初めてであった。少なくとも平和都市宣言や非核都市宣言をした首長たちは機会を見て訪問し、支援の手を差し伸べてほしいものだ。（その後、彼女は惜しいことに二〇一六年一月に亡くなりました。八〇歳でした。）

夕刻からメトロで移動しデュポン・サークルでの集会「ヒロシマ・ナガサキ連帯・特別区反戦集会」に参加し、二人で証言。

その後、近くにあるセントステファン教会で長崎の原爆投下時刻に合わせて開かれた「長崎プログラム」に参加。会場に着くなりワシントンポスト紙の取材を受けた。取材記者に、よい記事を書くようお願いした。

集会は五〇～六〇名の参加者で軽い食事が用意され、しばらくしてわれわれ二人が証言。斉藤さんは持参した被爆体験の絵をかざし実相を語り、私は、他の兵器にない放射線被害が五八年経過した現在でも、生きていても不安を抱えている被爆者の実態とＰＴＳＤの実態を話した。私たちの発言内容はその場の状況で対応するのですが、被爆時の記憶がない私は、被団協の岩佐さん、東友会の米田さん、真実井さん、出島さんなど、多くの方々の証言を活用させてもらった。今回、参加している中西さんの親戚の話もすごい。

ベトナム戦争で暗号の任務についていた元兵士リックが発言し、「①五八年経過してもまだ被爆者は苦しんでいる、②原爆を落とす必要はなかった、③謝罪しないのが恥ずかしい」との要旨だった。そこで私は、①②は同感で具体的に実態を話し、③の謝罪の点では日本も謝罪しなくてはいけない、原因は戦争が引き起こした悲劇で、二度と戦争は起こさない、被爆者はわれわれだけで終わりにしよう、そのためには核兵器の廃絶だと訴えた。

リックは一九歳から二五歳まで空軍に所属し、入間基地などで暗号を扱う通信兵であった。死体を何千と運んだ経歴も持っている。帰国の途に着く時、夫人と空港まで見送りに来てくれた。

●8月9日、ラジオの電話生取材、ジョン・ホプキンス大学での集会参加

昼、ボストンラジオ局の電話取材があり生放送に出演。被爆当時の状況の質問と現在の健康状態、いつ頃からこの運動にかかわりはじめたのかなどの質問に回答した。最初の質問に「被爆者とは」の質問があり、被爆者健康手帳の基準と広い意味での放射線被害の被爆者について説明した。

午後、ボルチモアで開かれる「広島長崎追悼集会」(Hiroshima-Nagasaki Commemorations)に参加のため車で移動。時速一三〇キロの猛スピードで一時間、七〇万人都市で全米でもナンバーワンといわれるジョン・ホプキンス大学が会場だ。核兵器の開発・研究に協力する大学の姿勢に反対して、学生、教授、市民が一九八四年に組織を結成。毎年、広島・長崎追悼集会を開き、一〇〇名余が参加。年一〇回、反核平和の上映会と討論会を実施しているそうだ。日本から被爆者も一〇年来訪問し、活動当初の苦労話を聞かされた。

五〇名余の参加者の前でわれわれ二人が実相証言をする。この催しをインターネットを見たホプキンス大学生の富谷さんとお母さんが参加。帰国後、早速、お母さんから署名など協力する趣旨のメールが届いていました。少し気がかりであったのは、彼らたちの運動について詳し

い説明があっても、私たちに質問や意見を求められることがまったくなかったことです。せっかくの機会と思っていたので少々心残りでした。終了後、主催者、参加者と夕食会。銅製の折鶴をプレゼントされる。

帰路、ボルチモア球場に光々とライトが灯っていた。近く対ヤンキース戦があり松井選手が来ることが話題に。異郷の地での彼の活躍を期待したい。

●8月10日、先住民の集まりに参加

お昼前に出発して、ピスカタウエイ・インディアンの「サンダンス」（四日間食事をとらず歌と祈りを捧げる行事）最終日会場に参加。白人に迫害されていた先住民が一九六〇年頃から、彼らが最も神聖とする伝統儀式が全米で復活した。深い森に囲まれた広い会場で、この地では一八年前に復活して毎年四〇〇～五〇〇名が参加するそうです。全く食事を摂らずに四日間踊り続け、その勇者ダンサーに捧げる食事を、私たちが共に頂くことになっている。残念ながら到着したときに式は全て終了していた。遠くカナダのバンクーバーから参加していたご夫婦は、帰路は一〇日間かけて車で帰るそうです。

時間がゆっくり流れ、酋長の周りに皆が集まり、いよいよ私たちの出番です。被爆者だけが

挨拶を許されるそうで、連帯の挨拶をして、被爆者の現状を話しました。勇者曰く、「世界の全ての人々の平和と幸せを祈り、願っている」と。その懐の大きな言葉に心を打たれた。プレゼント交換はダンサーが四日間踊っていた時につけていた「足輪」だ。私は、今までもそうでしたが、東友会のバッチ、ピースメッセージ入りのハンカチ、扇子、大倉さんからのメッセージ入りのブックマークなどが大いに喜ばれ活躍しました。「足輪」は彼らたちには神聖なものなのだと推測するのですが、異文化の日本人には汗の染み込んだ「足輪」といったら失礼だろうか。乾燥させて持ち帰った。

一〇日付のワシントンポスト紙は、私たちが五日にリンカーン・メモリアルで行った発言を、斉藤さんの写真入で一面の半分以上のスペースで報道した。記念に持ち帰る。

※〈ニュージャージー・ツアー組〉（宮永・中西）**の日程（8月5日〜10日）**

・8月5日、鉄道アムウェイで、14時40分ニュージャージー州ウィルミントン着。「Pacem in Terris［ラテン語。Peace on Earth の意味］」のサリー・ミルベリーさん出迎え。夜、ウエストミンスター長老派教会の集会（「戦争とテロリズムを考える四回シリーズ」の第二夜）に参加。被爆証言と歌。別室で懇談。「原爆投下を謝罪したい」という女性あり。集会参加

者からカンパ一四〇ドル贈られる。【ウィルミントン泊】

・8月6日、車でペンシルベニア州フィラデルフィア近傍のバレーフォージに移動。世界最大の兵器メーカー、ロッキード・マーティン社前で「広島を思う集会」（「ブランディワイン平和コミュニティ」主催）に参加。証言と歌。「水をください」と苦しんだ被爆者を偲び、ボールの水を汲んで飲む儀式などがある。集会のあと同社までデモ行進。門前に棺を置いて祈った数人が退去命令に従わず検挙される。「何か言いたいか」といわれ、中西・宮永が「友人が逮捕されて涙が出そうだ」と検挙に抗議、「核兵器生産やめよ」のスピーチをする。仲間の逮捕で泣いていた女性たちから「よく言ってくれた」と握手ぜめにあう。集会参加の女性からカンパ二ドルを贈られる。

車でプリンストンに移動。夕刻、ホテルで地元二紙の取材を受ける。夜、プリンストン大学構内の集会「広島・長崎コメモレーション」に参加し、被爆証言。主催者に手違いがあり集会は途中で中止。中西はゲリラ的に歌い、人垣ができた。【プリンストンのホテル「ナッソーイン」泊】

・8月7日、鉄道Nトランジットでエリザベス市に移動。10時、セントジョーンズ教会の集まりに参加、証言と歌。昼、合気道道場で昼食と交流。夜、ウェストフィールドの統一メソジ

スト教会での集会に参加、証言と歌。【プレインフィールド泊】

・8月8日、10時、エリザベス市高齢者市民センターで、同市から日本被団協への感謝状を受け取る。12時、ニューアークのアフリカン・グローブ・シアターへ。ダンスを学ぶ子どもたちに宮永がダンスを披露、子どもたちは大喜び。同劇場の舞台「ドリーム・ガールズ」を観劇。世話役テリー・スエスさんのはからいで、空き時間に車でニューヨークまで行き、9・11テロで崩壊した世界貿易センタービル跡（グランド・ゼロ）を訪問する。

夕刻、モーリスタウンへ移動。モーリスタウン・グリーン公園前の行動（イラク戦争が始まってから毎週金曜日におこなわれている反戦を訴える行動）に参加、会場でテレビ取材を受ける。夜、近くのマーガレット教会での集会に参加、証言と歌。サダコの物語を描いた英語版アニメの上映、折り鶴教室などがある。【プレインフィールド泊】

・8月9日、朝、教会の集まりに参加し、被爆証言と歌。午後、車でセコウカスに移動。ファースト・リフォームド教会の小部屋で集会に参加し、証言と歌。教会前で平和祈念ポールの除幕式に参加し、平和のランタンなど贈られる。車でイースト・オレンジに移動。夜、SGIの集会に参加し、証言と歌。参加者の感想メッセージなど集めたミニアルバムを贈られる。【プレインフィールド泊】

・8月10日（日）、車でアトランティックシティに移動。夜、隣町ベントノールの統一メソジスト教会の集会（名称は「二人の被爆者から広島での体験を聞こう」）に参加して被爆証言と歌。リチャード・ストクトン大学教授ポール・リオンズさんの講演があった。会場で若い女性から「カンパです」と七ドルを贈られる。【アトランティックシティ泊】

●8月11日、二班が再結集、お世話になった方々との最後の夕食会

昼過ぎまで初めての自由時間。午後にはニュージャージー組もワシントンに帰ってくる。私はネイルの案内で美術館を見学した。ここには他に博物館、科学博物館、図書館など、さまざまな施設が全て無料。ゆっくり見学したいものだ。

元気にニュージャージー組がワシントンに到着。インシュリンを離せない宮永さん、本当にご苦労さん。今回のツアーの組み合わせは、大変な体験を持つ岩手のお二人と、記憶のない東京の二人だが、とても良い組み合わせであったと自賛している。

夕刻、ネイル宅にボランティア参加者も集い、約二〇名の参加で、日本食での夕食会。全ての公式日程が終了し、本当に素晴らしい体験をしたと思っている。一日の行事が終って帰宅し

た後、その日の出来事や運動のこと、他愛ないことなどもネイルとサラには話し合い、互いに涙しあったこともあった。

お世話になった方たちが集まり、その人たちとの和が嬉しい。お礼の言葉を述べ、ハーモニカとオカリナで盛り上がった。最後に、インターネットからプリントアウトした「原爆症認定集団訴訟」の署名を渡しながら、「今の気持ちを何時までも持ち続けてほしい。裁判は長くなるので今後、広く多くの協力を」とお願いし、参加者には署名をしてもらった。それにしてもインターネットは便利なものだ。広島と長崎の平和宣言など日本のホットなニュースも、ネイル宅で何時でも確認できた。

●8月12日、いよいよ帰国

いよいよ帰国。見送りには現地責任者の宮崎さん、九月には立命館大学に留学し教師を目指すという通訳のスコットなど……。12時40分、レーガン・ナショナル空港発のノースウエスト機だ。厳しいボディーチェックをパスし、三〇分以上遅れて離陸した。

今回の体験は生涯忘れることは出来ない。日本のテレビにある「世界ルンルン滞在記」のラストシーンだ。言葉は充分ではなくても、心と気持ちは充分通じた。経由地のデトロイトから成田までは一二時間以上の長旅だ。初めて見るロシアのツンドラ地帯を窓から眺めながら、今回の貴重な体験は、自分だけに留めないで、今後の運動に生かそうと誓った。関係者の方々に感謝。

夕刻、成田空港で被団協の田中事務局長、事務担当の欠塚さん、斉藤さんの息子さん、妻の出迎えを受け、四人は元気に無事帰国した。

●以下は、訪問を終え東友会に提出した報告書です。

アメリカ／オマハ・ワシントンDCへの実相普及遊説に参加して

正直、記憶のない被爆者であることと個人的には、二週間であっても違った環境で過ごすことに不安がありました。

しかし、あのアメリカで多くの感動と出会えたことと、平和のためには核兵器は人類と共存できない兵器であるという共通の認識を深め合えたことに、深い喜びを感じています。

一一日間の公式日程があり、二三回の行事に参加しました。

ワシントンポスト紙には写真入で一面の三分の一以上のスペースで報道され、他にフィラデルフィア紙、リンカーン・ジャーナル・スター紙などが取り上げました。テレビではKETV（ABCTV系）に一時間の録画収録をし、リンカーンTVでは街頭インタビューに答えました。ラジオではスタジオで一時間の生番組に出演し、この時の放送はCDに録画して販売するそうです。電話でのラジオ生放送にも出演し、視聴者の質問に対応しました。

テレビのトーク番組に出演した訪米団。左端が筆者。

集会、教会、小・大学、対談など一六回あり、約一四〇〇人の方々に直接、私たちが話しかけ、ディスカッションする機会がありました。

オマハでは、アラモゴードの兵器産業に働く労働者を対象に、直接「被爆者が実相を語る」計画を持とうなどと、今後の運動も話し合いました。実態として一万四〇〇〇人のうち九〇％の労働者は生活のために働き、会社は月五万円の特別手当てで雇用を確保しているそうです。実現すると素晴らしいのではないでしょうか。

ホワイトハウス前で二四時間を三一年間、「究極の正義が欲しい」と核兵器の廃絶を訴え続けているコンセプション女史との出会いも感動的でした。寒い冬を少しでも和らぐようにと「ホカロン」を送る約束もしました。

滞在中、毎朝、美味しい味噌汁とごはんでお世話を頂いたステイ先。ボランティアで、親子ほど世代差がある若い通訳などの方々との交流も忘れる事が出来ません。移動中や一日の行事が終わった後、いろんな角度から話し合ったりしてノートにサインをもらったのですが、「初めて被爆者の証言を聞いてショックを受けた」「教科書には出てこない」「平和のために若者も何かをしなくては」「署名をアメリカでも取る英文を」など、私たちと行動を共にしていることで大いに触発されたようです。

証言を終わり、ある女性が「私の母も参加して涙をながしていた」と優しく語りかけられました。帰国してからも何人かの方から手紙やメールが届き、内容は、それぞれ積極的な評価です。その点では、「少しでもお役に立てたかな」とうれしく思う気持ちと、反面、自分では一生懸命のつもりでしたが発言したどの点を評価してもらったのか半信半疑の両面です。遠く異国の地での、皆さんの活躍を願う気持ちでいっぱいです。

観光旅行ではとうてい体験できない二週間でした。限りない緑のとうもろこしと大豆畑を上空から見て、アメリカがＷＴＯで各国に関税引き下げを迫る原因に触れた気にもなったり、あふれる化石燃料製品の大量消費に、これでは地球温暖化防止を決めた京都議定書にはサイン出来ないと勝手に納得もしたりしました。人口の五〇％以上が肥満で大きな社会問題となり、日本食が大変注目されているそうです。

平和、核兵器廃絶の運動でも被爆国に相応しい、見るべき成果が挙がって世界から注目されるようになりたいものです。私も、生涯忘れる事は出来ないであろう今回の体験を、今後に生かすべく微力ですが力を注ぎたく思います。

最後になりましたが、被団協をはじめ東友会など、ご支援、ご協力いただいた多くの方々に心から感謝し、お礼申し上げます。有難うございました。

東友会　上田紘治

11 二〇〇五年、核拡散防止条約（NPT）再検討会議に参加

●被爆六〇年の年に初めて参加したNPT再検討会議

私は、これまで核拡散防止条約（NPT）再検討会議に、二〇〇五年と二〇一〇年と二度参加しました。いずれも被団協の一員として参加したのですが、被爆六〇周年にあたる二〇〇五年の時は被団協・東友会の代表派遣の一員としての参加でした。

一九七〇年に発効したNPT会議は三つの柱があります。それは、核不拡散、核軍縮、民生利用です。その時点で核兵器を保有している米・英・仏・ロシア（旧ソ連）・中国の五ヵ国にはそのまま核兵器保有を認めるなど大きな弱点はありますが、一番の問題は、核兵器の廃絶を目指していないことです。唯一、二〇〇〇年の第六回NPT再検討会議で、核兵器保有国も含めて核兵器廃絶に合意し、私が初めて参加した二〇〇五年の第七回NPT再検討会議には大きな期待がかけられていました。しかし、核兵器保有国の猛烈な巻き返しで、全く前進すること

なく逆に後退したのが特徴でした。

たまりかねた南アの代表が「我々の議論は一歩も前進しない、ロビーに展示してある被爆者のパネルを見よう、被爆者の話を聞こう」と話されたことを、私は忘れることができません。

国連本部ビル

被爆者が、国連のロビーで被爆の実相を伝えるパネル展示（国連原爆展）をしたのはこの時が初めてですが、被団協がこの日のために作成したパネルを国連軍縮局があれこれと選択したことには、正直驚きました。

オノ・ヨーコさん

国連の本会議場に入って最初に目に映ったのは、壇上で女性が発言している光景でした。なんと、その女性はジョン・レノン夫人のオノ・ヨーコさんでした。

ジョン・レノンの「イマジン（IMAGINE［想像してごらん］）」は、国境や宗教を越えた平和や人類愛を希求する歌とされています。

一九八〇年一二月八日、自宅マン

ションの玄関前で撃たれたのですが、三九年前の同じ一二月八日は、日本がアメリカの真珠湾に攻撃を仕掛け世界大戦に続く同じ日です。ジョンが亡くなって四〇年、今、世界を襲うコロナ禍や絶えない紛争や分断、「イマジン」は決して色あせていないですね。私とは二歳上で同世代のジョンですが、存命でしたらどんなメセージを発信するのでしょうか。

サリバンさん

国連軍縮局に所属するキャサリン・サリバンさんと言う女性は、全米を視野に被爆の実相を独特の方法で広めている方ですが、毎年アメリカに被爆者を招き、私も参加してお世話になる機会がありました。オノ・ヨーコさんもその企画に多額の寄付をされているのですが、日本では経験しないアメリカの懐の広さの一面を実感しています。

●以下、初めて参加したNPT再検討会議の報告書です

NPT再検討会議に参加して

［二〇〇五年］四月二九日から五月六日までの一週間、第七回ＮＰＴ再検討会議へ向け

ての一連の行事に参加しました。日本から約九〇〇名、被爆者は全国から三〇名の参加で、東京からは八名でした。私たちは、生協・弁護士の方たちと一班・八名で八組編成でした。

班の行動ですが、日程がしっかりと組み込まれ、各学校、教会、在米仏教教会などでの「証言」、平和団体、９・１１遺族の会との交流、各国大使への要請、国連での本会議傍聴や展示している「原爆展」のまえで説明と「証言」、国連本部からセントラルパークまでの三・二キロメートルのパレードに参加、公開シンポジュームやＮＧＯプレゼンテーションへの参加など、毎日が本当に充実したものでした。

地元の学校での「証言」風景。

私が一番印象にのこったのは音楽・芸術などの芸術教育で有名な一八歳クラスの公立学校で、延べ二時限、約七〇名参加での「証言」の後で、祖父がマンハッタン計画に従事していたという女学生が、涙を流しながら「祖父は戦争を少しでも早く終わらせたい、との思いで製造に関わったと語っていた。今日の話を聞いて、そうでも思わなければ罪の重さに耐えられないような気がする」と率直に語ったことです。先生や生徒たちの少なくない方たちが、涙を流しながら真摯に私たちの「証言」を受け止めてもらいました。

スタッテン島の教会でも、通訳の方に謝罪の日本語を質問し、私たちに日本語で「許してください」と涙をためて固く握手をされました。アメリカ政府の態度とは裏腹に、草の根ではしっかりと、多くの方たちと私たちの思いが共有できると強く実感しました。

被団協として初めての「原爆展」を国連ロビーで行なったわけですが、ここでも多くの方と語り合い、地図を指さしながら「私の家は爆心地から五〇〇メートル、三歳で被爆」と

国連ロビーで開かれた初めての「原爆展」（『しんぶん赤旗』より）

話すと、一様に驚き、信じられないといった表情をされ、会話が進みました。

本会議場で、被団協の田中熙巳事務局長が核兵器廃絶を被爆者の立場から発言されました。当然、広島の秋葉市長・長崎の伊藤市長も被爆地の市長として発言され、ジョン・レノン夫人でオノ・ヨーコさんの発言も印象に残りました。

余談ですが、パレードの途中でＮＹヤンキースで活躍する松井選手、ジータ選手が住んでいるという大きく立派な住居もカメラに収めました。また、同行の女性三人でも持て余すような分量の食事が一人分の食事として無造作に出てきたアメリカの食文化も体験しました。公立高校では証言会場まで校舎を案内されたわけですが、いたるところで、時計やエスカレーター、エレベーターなどが故障し、そのまま放置されていました。軍事費の増大から生まれる民生予算削減の実態ではないかとも想像したりしました。

会議の途中で帰国したわけですが、被爆者の「証言」の重要性と、草の根の運動こそが私たちの願いを実現する近道との思いを強め、その輪が大きく広がっていることを実感した一週間の滞在でした。

上田紘治

12 二〇〇五年、アルバカーキ、ロスアラモス、サンタフェを訪問

●被爆六〇周年の八月、核兵器施設のある街で実相普及活動に参加

二〇〇五年八月は被爆六〇周年、全米各地で記念行事が展開されました。とくに核兵器施設のある地域で反核・反戦行動が繰り広げられ、それに連帯して被団協から四人の代表が訪米しました。米国では核兵器関連の工場・施設が各地にあるのですが、私は、その一つ、マンハッタン計画でも重要な役割を果たしたロスアラモスを訪問する企画に参加することになったのです。米国ニューメキシコ州の高地にあるアルバカーキ、ロスアラモス、サンタフェの三都市を訪問しました。

今回の訪米を企画されたのはロスアラモス・スタディーグループのグレッグ・メローさんです。彼は、二〇〇三年八月、私たちも参加したオマハでの集会で素晴らしい発言をされていました。帰途につかれるとき、我々から是非話をしたいと申し入れ、「機会があれば米国で核兵

器をつくっている労働者の前で被爆の実相を話したい」と会話しました。

ちなみに、マンハッタン計画は七万人の科学者と予算二〇億ドル（現在に換算すると二〇一二年時点での資産価値三〇〇億ドル［二兆四〇〇〇億円］）の巨額の予算と人材を投入し、全く秘密裏に原子爆弾の開発が進められました。

当時、米国の核関連施設は、公立二ヶ所、民間一ヶ所の計三ヶ所、テネシー州のオークリッジ国立研究所（ウラン濃縮）、ワシントン州のファンホード・サイト（デュポン社と契約したプルトニューム処理施設）、ニューメキシコ州のロスアラモス国立研究所（実験・研究）でした。

工場のフェンスに近よると、すぐに警備員が来て退去を求めます。核兵器の役割を正当化する資料館も訪問しましたが、本当のことは表示していないとの説明でした。私は広島の資料館から持参した被爆の実相を伝える二〇枚の英文のパネルを贈呈しました。

グレッグ・メローさん

パグウォッシュ会議の事務所にも案内されましたが、今振り返ると重要な訪問場所にもかかわらず十分な認識もなく、不十分な対応であったことが心残りでもあり反省しています。

グッレグ・メローさんは、全米を駆け巡って活躍されている平和活動家で、その資金は全て支援者から賄っているそうです。米国は懐が広いですね、広いのは国土だけではないですね。素晴らしい体験の連続でしたが最終日は、彼の自宅に泊まり、翌日、帰途に就きました。

●出発から帰着までの行動日誌

8月3日、12時成田発→ダラス→アルバカーキ着12時16分（時差一六時間）。車で一時間、夕刻にサンタフェにある宿泊施設「ウパヤ禅センター」（Upaya Zen Center）着。【サンタフェ泊】

8月4日、ロスアラモス国立研究所を見学。この施設は文字通り核兵器製造に関してそれを正当化する施設。広島原爆資料館から被爆の実相を伝えるパネル二〇枚を持参しました。「平和のための子供の像」を見学し、記者会見。【サンタフェ泊】

8月5日、州都サンタフェでの集会に参加し、懇談。「禅センター」で静想。「キリストの平和」ミサ（サンタ・マリア・デラバス）で被爆の実相を話す。【サンタフェ泊】

8月6日、ロスアラモスのアシュリー・ボンド公園でおこなわれた「広島60年」という集会に参加し、被爆の実相を話す。集会は、一三〇団体の支援と二〇人以上の発言者で、歴史的な

禅センター代表（左端）、通訳のホーリー女史（右から2人目）らと。

集会とのことでした。発言者には、ベトナム戦争時代の司法長官、被団協をノーベル平和賞に推薦した核時代財団代表者など、著名な方々もおられました。日本の集会と違って、発言者の合間に音楽の演奏があり、楽しみながらの集会模様でした。私たちの通訳のホーリー女史は、とても日本が好きな女性で、発言する時のしぐさを細かく指導してくれました。オバマ大統領、トランプ大統領など欧米の方たちは原稿を見ないで話すのが上手ですが、やはり意識しているのですね。その後、ホリーが来日する機会があり、我が家にも訪れ東京を案内しました。

ワークショップ「核時代の歴史」にも参加。

夜になって、アシュリー・ボンド公園でおこなわれた広島、長崎で亡くなった人を偲ぶ何千ものキャンドルが灯った灯篭流しにも参加。【サンタフェ泊】

8月7日、タオスの集会に参加。禅センターで被爆の実

アシュリーボンド公園での集会で登壇した筆者（中央）

相を話す。【サンタフェ泊】

8月8日、記者会見。公職関係者、ビジネス関係者なども参加。アルバカーキの集会に参加。【アルバカーキ泊】

8月9日、6時アルバカーキ発（時差一六時間）→ダラス（ダラス空港はとてつもなく広くてモノレールで移動するのですが、到着からフライトまで一時間半ありましたが正直、成田行の乗り換えには緊張しました。）

8月10日、13時15分、成田着。

なお、私たちを受け入れてくれたロスアラモス・スタディーグループに広島平和記念資料館から持参した被爆の実相のパネルを贈呈したのですが、サンタフェの地で展示する常設会場を確保したと後日連絡があり

ウパヤ禅センター（サンタフェ）

ました。核兵器製造の街、正当性を主張する資料館などある場所に、被爆の実相を伝えるパネルが常設展示できたことを、とても嬉しく思うと同時に、現地の皆さんの努力に敬意ですね。

この地は年間の降雨量9インチ（二〇センチ余）とのこと。水は貴重な資源で、日本では野菜を洗うときも水をふんだんに使用しますが、ここでは濁り水のまま洗って料理していました。「有機農業なので大丈夫」とのことでした。

ウパヤ修行センターの修行料は日本円で約一〇万円／月、朝食七時、夕食二一時、新聞、ラジオ、テレビなし、食事も自然食で魚、肉、アルコールなしです。ウパヤはスペイン語で「慈悲の心」。集いの最後に、オカリナで「原爆を許すまじ」「サトウキビ畑」「ウイーシャル　オーバー　カム」などをみんなで歌って交流を深めました。

●以下、帰国してまとめた報告書です。

「実相普及訪米ツアーに参加して」

上田紘治

私たちが持っている、NYやワシントンDCなどのアメリカのイメージと全く異なる、ニューメキシコ州の高地、標高二〇〇〇メートル前後もあるアルバカーキ、サンタフェ、ロスアラモスの三都市で実相普及を展開しました。

素晴らしい自然環境、どこまでも広大な土地、西部劇を連想してください。四〇〇年前にメキシコと戦いアメリカに、その五〇州の中で一番所得が少ないそうです。赤茶色の丸みをおびた平屋の居住建物、インディアンが多くスペイン語と英語が公用語です。

まとめますと「証言」はロスアラモス、アシュリーボンド野外での集会、ニューメキシコ大学を含め四日間で六回七〇〇人に。ラジオ局には、四日間で移動中の電話取材など八局の生・録画放送に登場。集会の参加者から「聞いたよ」と複数の方から声をかけられました。新聞報道は、つかんでいるものだけで六紙で報道。中でも一面トップの写真入りで大きく掲載した新聞社は四紙です。

日本にも広がった「子供の像」は州都サンタフェにあり、ここから取材スタートした。マンハッタン計画で原爆を製造したロスアラモス国立研究所への一日ツアーは、ワゴン車を含め数台での同行でした。途中、感想を求められ胸が一杯になりました。ニュースは別にして、TV局の放映は一社で、八日午後一〇時より三〇分間放映。現地在住で二歳半の子を持つ上原さんは涙の通訳でした。

世界大戦終了六〇年といったことでマスコミ各社は注目したのでしょう。ちょうど、来日し、私たちの情況を事前につかみメッセージにも工夫をこらし、多くを通訳したホーリー女史は「被爆者の思いは伝わった」と最後に話してくれました。現地で献身的に平和運動を続けているロスアラモス・スタデーグループの役割も決定的です。中心的なグレッグ氏は、二年前にオマハの集会で私たちと今回の企画を話し合った方でした。五月のNYでも再会し、まさか小生がこの地を訪れるなど想像もしませんでした。

他にも、カナダの大学関係者が一時間半のドキュメンタリー番組を制作し、その中に私たちが登場するための取材、地元の演劇グループの取材もありました。

五日間宿泊したウパヤ禅センターも忘れることは出来ません。関係者に心から感謝いたします。

最後に、広大な素晴らしい自然環境のなかで、肝心な所は全く秘密にして一万二〇〇〇人が従事して核開発の研究・製造を進めるロスアラモス国立研究所。「草の根」を強く大きくし、必ず「核兵器廃棄を」と決意を新たにしました。ありがとうございました。

●お世話になったグレッグさんからの便り。返事を書きました。

「親愛なる上田様

こうじ、私たちを援助するために遠い日本からわざわざ来てくれて有難う。

あなたの訪問は私たちにとって大きな助けでありました。そしてあなたの言葉、あなたの態度がここにいる多くの人々に影響を与えました。たとえ全然なかったとは言えないにしても、少なくとも一九九〇年八月六日以前には、メディアという観点から非武装の問題に関してそんなに大きな積極的な新聞社もありませんでした。

これからの年には、あなたの声と私たちの声はともにもっと重要になっていくでしょう。そして、決定的になることを望んでいます。どうぞ、十分体にお気をつけください。

再びお会いできるのを楽しみに
ノーモア　広島！　ノーモア　長崎！　ノーモア　被爆者！
感謝をこめて　グレッグ・メロー
クラオペ・ロノス、トリッシュ・ウィリアム・メロー及び、ロスアラモス・スタディーグループ」

グレッグ・メローさんからのお便りを受け、返信しました。英文を受け取り、返信を送るのですが、翻訳作業は何時も親しい友人にお願いしました。

「グレッグ・メロー様

思いもかけない三度の再会。しかも遠く離れているのに。こんな出会いがあるのでしょうか。

実際、貴方の活動を身近に接し、改めて心から敬意を持ちました。核兵器廃絶は被爆者の要求だけに留まらない、全人類の緊急の課題と思います。その中で、とても表現できない体験をした被爆者の果たす役割は、特別重要と思っています。

アルバカーキ、ロスアラモス、サンタフェで多くの皆さんに接し、暖かく迎えてもらっ

Dear Greg:

It really was my happy surprise to see you for the third time, although there exists the big Ocean between both of us. I can't believe such an unexpected, but happy reunion.

I have deep respect to you, as I actually know your activities. I believe the abolition of the nuclear weapons is the urgent demand, not only of the "hibakusha (atomic bomb victims)", but also of all the nations on the earth. But still the role of the hibakushas who have gone through the unexpressive experiences, is especially important.

I believe I can never forget the warm and hearty welcome toward us and the fruitful meetings with the people in Albuquerque, Los Alamos and in Santa Fe. Could I convey what I think, although I have no actual experience of getting bombed by nuclear weapons? I firmly believe that we both can progress the way to the abolition of the nuclear arms, if I can tell about the actual situation of the hibakusha and can share the mutual understanding. I am grateful if I can be of service to you in any form.

Thanking you and all of your friends who have given me the friendly welcome,

Koji Ueda

たことは生涯忘れる事は出来ません。被爆の記憶のない私ですが、思いは伝わったでしょうか。被爆の実相を話し、一人でも多くの皆さんと思いを共有できれば、平和と核兵器廃絶の道につながると確信しています。少しでもお役に立てたのならこんなに嬉しい事はありません。

お世話になった皆さんに感謝の気持ちを込めて。

上田紘治」

［余談］　サンタフェでの出来事ですが、日本でも馴染みのある映画俳優スティーブ・マックイーンの元夫人で女優のアリ・マッグローさんが、私たちを半日かけて自ら運転する車で市内を案内してくれました。後から聞いたのですが、元夫人はハリウッドの女優とか。スティーブ・マックイーンのことは、ジョン・ウェインなどと出演した西部劇や、テレビで放映された「大脱走」などの映像で知っていましたが、元夫人のことは知りませんでした。彼女の車は日本の車ほど清掃されていなかったですね。

13 二〇一〇年、NPT再検討会議に二度目の参加

二〇一〇年五月、核拡散防止条約（NPT）再検討会議へ参加をしました。二〇〇五年に続き二度目の参加です。今回は、日本被団協主催の代表団の一員として派遣されました。核廃絶をめざす確実な草の根の広がりを実感するものでした。

以下、その時の旅程を〝日誌風〟に紹介します。

▼二〇一〇年四月三〇日（金）、成田発。デトロイト空港を経由してニューヨークのラガーディア空港に到着。一四時間のフライト。

▼五月一日（土）、全国からの代表団には、生協の皆さん一〇六名と、われわれ被団協の代表――被爆者四二名、被爆二世二名、被爆三世一名、スタッフ・家族を含め総勢五二名が参加。一四の班に分かれて、以後、全て班行動になる。一班は一〇名前後（被爆者三名、生協七名）。

生協から一〇〇〇万円の寄付が報告された。

顔合わせの後、若干の時間があり、グランド・ゼロ、自由の女神を海上から訪問し、最後はエンパイアステートビル最上階の八六階まで登る。ＮＹは二〇時頃まで明るい。海外で観光時間が取れたのは初体験。

▼五月二日（日）、核兵器廃絶のために世界各地で取り組んだ人々がマンハッタンに集まった。「国際行動デー」前日、爆発騒ぎがあったタイムズスクエアで集会後、ハマーショルド広場までの行進。

集会では被爆者は最前列の椅子が用意され、仙台の木村さんが被爆体験を話す。その後は通訳がないので、五月とは思えない日差しの下で着席しているのみ。行進後、たどり着いたハマーショル

5月2日のＮＹ行進

ド広場には飲み物と太巻きといなりの差し入れ、「美味しい！」。集まった人は二万人とも。日本からは二〇〇〇名近い。顔見知りの弁護士の先生や医療関係者、リーパーさん、「Ｙｅｓ！キャンペーン」の方、地元八王子の方たち……。

▼五月三日（月）、いよいよ私たちの「証言」開始。場所は、ＮＹ州にある聖ジョセフ・カトリック私立校。日本では中学二年生にあたる五五名の生徒が対象。埼玉から参加した二名のご婦人と私が交代で「被爆の実相」を話す。事前に、厳しい内容の実相部分はカットするように校長先生から指摘された。話の後、生協の方たちが生徒と一緒に折鶴を折り、私は最後に「原爆を許すまじ」をオカリナで演奏し皆で歌う。通訳はレイチェル・クラークさんで、二十数年ＮＹ在住の新潟出身の日本女性。その方の友人宅で一〇名全員が昼食のお世話になる。ここでも美味しいいなり寿司、柏餅の日本食。ＮＹで十数店舗のお店を持っているオーナーの差し入れとか。輪の広がりを実感する。

その後、国連に駆けつけパスポート申請し、明日からの説明要員に備える。パスポートは、前回五年前は回収されたが、今回は持ち帰ってもいいとか、。

一八時三〇分から、国連ロビーでキャサリン・サリバン主催の「ヒバクシャ・レセプションとコンサート」に出席。彼女とはメールの交換はしているが顔を合わせるのは初めて。〝アメリカ式ジェスチャー〟たっぷりの歓迎を受ける。彼女は、アメリカでヒバクシャ・プロジェクト・ストーリを一年前に立ち上げ、二八日までの会期中に日本から被爆者を呼び、各地で「証言」を企画しているアラフォー女性。

▼五月四日（火）、ベイサイト高校で「証言」。キャサリン自ら通訳をする。全校生徒は一三歳～一九歳の三六八五名。そのうち中国人三五％、韓国人一二％、白人一五％。校長夫人は日本女性だ。以前は日本人在校生も多かったそうですが、今は郊外に移り現在は少数とのこと。昼食時、屋上に上り眼下の町並みの説明をしてくれたのは日本語が達者でユニークな校長先生。

午前は一四歳～一五歳の生徒一〇〇名を対象に「証言」し、午後からは一五歳～一七歳の二〇〇名の生徒を対象に、われわれ三名で三グループに分かれて話す。

「パールハーバーをどのように思うか？」「次世代に被爆の影響あるか？」「戦後、教育はどうして回復した？」「今の健康は？」などの質問攻め。最後に、ここでも「原爆を許すまじ」をオカリナで演奏し皆で歌う。昼食は学校で用意された味噌汁付の日本食。

夕刻、アメリカ大学のカズニック教授主催シンポジューム「生存者の叡智」レセプションに参加。被爆者には専門的内容で、疲れもあり酷であった。

▼五月五日（水）、フィールドストン・スクール高校で「証言」。五月三日に通訳をしたレ

イチェル・クラークさんの娘さんが通う私立高校。学費は年間三〇〇万円、指導者を育てるエリート校。米国で共通しているのは「なぜ?」と生徒に疑問を持たせ、詰め込まない。マンハッタン計画で科学部門のリーダーだったロバート・オッペンハイマー、その父親も卒業生。九九%が大学に進学。一回目一三〇名、二回目一七〇名の学生を対象に、九〇分間を三人で「証言」する。質問の矢が果てしない。

国連では、私の班は「証言」担当であったが、自分ははずれて、パネルの説明役に。

被団協代表団は明日帰国するので、お世話になった生協の方たちと最後の夕食会。再開を誓う。

▼五月六日（木）、ホテルを移動し、ヒバクシャ・プロジェクト・ストーリ主催のマーチン・ルター高校での「証言」に参加。高校一年生を対象に二つの班に分かれ、一回目は四〇名、二

マーチン・ルター学校にて

回目は五〇名。学校は厳しいボディー・チェック。校内に銃をつけた警官が常駐し、トイレは施錠があり使用時には守衛の許可が必要。ここではＴＢＳのＮＹ支社の同行取材があり、日本でも放映されたそうです。

一九時三〇分から、ヒバクシャ・プロジェクト・ストーリ主催の若者たちとの対話集会、約三〇名が参加。

▼五月七日（金）、今回の滞在中、唯一フリーで、国連のパネルの説明役を引き受ける。

午後、ＮＧＯ被爆者プレゼンテーションを傍聴。会議は三時間近く開かれたが、自らの被爆パネルを示して実相を語り終えた谷口稜曄さんには、唯一スタンディングオベーションが沸き起こった。感動の一瞬だ。

居残った田中事務局長、木戸事務局次長、谷口稜曄さんらと、夕食は日本食店へ。

▼五月八日（土）、滞在八日間。二日前に被団協代表団が乗った同じデルタ航空機で成田へ。

草の根では核兵器廃絶のうねりが確実に広がり、現地では八〇名のボランティアなど多くの方たちの支えに感動の連続。他の学校でも「証言」の場があると複数の方から声がかかる。「最後の被爆世代」として、運動の継承の重みを実感。

報道では、二〇一四年に核廃絶工程表の国際会議を開くよう第一委員会が提言したとのこと。ビッグニュースだ。藩基文国連事務総長、カバクチュランＮＰＴ再検討会議議長などから積極的な発言もあった。今回は何としても、ＮＰＴは成功させなくてはいけない！

以下は、東友会に提出した報告書です。

二〇一〇年、ＮＰＴ再検討会議に参加して

二〇〇五年に続き二度目の参加ですが、今回一番感じたことは、被爆者支援と理解の輪が大きく広がっていることでした。

現地スタッフは通訳を担当する方など約八〇名にもなり、ＮＹで日本食店舗を十数軒経営しているオーナーからの美味しい、おいなり、太巻きなど日本食の差し入れ。オバマ大統領誕生に選挙支援でバスを繰り出すほどの影響力のある方が、「証言」する学校までの送りの運転も担当してもらいました。何人もの方から「もっと早く連絡があれば、子供が通っている学校で話してもらいたかった」「五年後などと言わないで、毎年、ＮＹに来て

話して欲しい」「このようなお手伝いが出来て光栄です」など、心温まるうれしい体験の連続でした。

私は、四つの中学・高校と、二日間延泊してキャサリン・サリバンさんが一年前に組織したヒバクシャ・ストーリ・プロジェクト企画の青年との対談集会、計五箇所で八回の「証言」の機会がありました。

約八〇〇名の方たちに聞いていただくことが出来ましたが、涙を流して聞いていた子供たち、通訳の方も涙声、私も感情を抑えるのに必死でした。こうして文章を書きながらも、真剣に聞き入ってくれた子供たちや青年、その時々の場面が鮮明に思い出されます。話し終わると「パールハーバーについてどう思っているか?」「アメリカについては?」「教育はどのように復活したの?」「健康は?」など質問が次々と飛び出します。私は誤った戦争遂行の責任は日本にあること、第一次世界大戦後、化学兵器使用は人道に反するとし、禁止になった例など話しながら、そのことと原爆使用は別の問題で、武力で平

国連本部ビルの入館証

和を築くことは絶対に出来ない、後世にも影響のある原爆は、人類と決して共存できない悪魔の兵器であることを事実に沿って、誠実に話しました。

マンハッタン計画で科学部門のリーダーであったロバート・オッペンハイマー、その父親も卒業生というエリート学校で「証言」したとき、教育方針は、子供たちに「なぜ？」と考えさせることを一番重視しているとの説明を聞き、これこそ教育だと思いました。カトリックの私立中学校では、校長先生から「証言」内容で厳しい表現がある箇所をカットするように指摘されたことも、子供への配慮を伺うことが出来ました。未来ある子供たちにこのような形で語りかけ、討論できたことに将来、何かの時に思い出し、平和の守り手になってくれることを願ってやみません。私たちの話は決して楽しい話ではありません。また、色んな切り口で平和を受け継いでもらいたいと思い、終わりに「原爆を許すまじ」の英語版を用意し、オカリナ演奏もしました。

アメリカでの「証言」は、二〇〇三年、二〇〇五年に二回、今回で四回目でした。今まで、テレビやラジオ番組の出演も体験し、私たちの行動が翌日には地元新聞で大きく報道されるなど、アメリカは懐が大きく、草の根では私たちの思いとしっかり共有できると感じていました。今回はそれにも増して、平和を求める声がもっともっと広がっていると実感しました。歴史は単純ではありませんが「核兵器のない世界」を呼びかける大統領が誕生したのも、決して突然の出来事ではなく必然性であり、確実に前進していると感じました。

七名の生協の方たちの献身的なサポートも深く心に刻まれ、素晴らしいメンバーでした。少しの自由時間を活用し、案内いただいたグランド・ゼロ、船舶上から訪れた自由の女神、四四三メートル・一〇二階建ての八六階からマンハッタンを見下ろしたエンパイア・ステート・ビルなどの見学も有意義な時でした。最終日はアメリカ式の抱擁で別れを惜しみ、再会を確認しました。写真などの整理も出来、一段落した時点で再会が実現するでしょう。とても楽しみです。

被爆者の役割は、特別なものが有ると思います。元気で被爆の実相を語ることは、何よりも大切で、滞在中の五月五日、八五歳の誕生日を迎えられた広島の坪井直代表、ＮＧＯ被爆者プレゼンテーションで感動を与える発言をされ多くの発言者の中で唯一スタンディングオベーションされた長崎の谷口稜曄さん、行動を共にした埼玉の上野さんと若年被爆の浜中さん、先輩たちには何時までも元気で過ごして欲しい思いで一杯です。

何時になったら、核兵器廃絶へ向けての国際合意ができるのでしょうか。第一委員会（核軍縮）からは、二〇一四年に核兵器廃絶の国際会議を開くよう提言されるなど、画期的な状況もありましたが、核保有国の抵抗もあり、二八日発表された最終合意文章は、正直、ほんの少しの前進かな、と思っています。「二〇二〇ビジョン」を訴えて全国を回った被爆者に、被爆国政府として、どれだけ国際社会に貢献したのでしょうか。このような結果になったからには、五年後、一〇年後も視野に入れなくてはいけません。若年被爆者として、核兵器が無くなるまで、しっかりと継承する重い責任があると改めて感じました。

帰国してから、バンクーバー在住でNYで名刺交換した女性の方、学校で「証言」しているる様子を日本に配信したTBS・NY支社の記者からメールをいただきました。今後のためにも、そのつながりと輪を大切にしたいと思います。

最後に、被爆者四二名の大所帯を支えた事務局の方たちに、お礼を述べたいと思います。限られた時間でありましたが、草の根レベルでは大きな成果を挙げたと思います。ここまでまとめることは大変な苦労と労力であったでしょう。感謝に尽きます。

ご支援いただいた全ての方々に、心からお礼を述べたいと思います。ありがとうございました。

五月三一日　東京・八王子　上田紘治

●東京から参加した被爆者で冊子を作りました。そのうちの三人の手記を紹介します。

まず仲伏幸子さん。彼女は広島被爆者で、少し先輩です。

◎生きて核兵器の無い世界を見届けたい！

仲伏幸子（東京都府中市）

私は幼稚園児（五歳九カ月）の時に、爆心地から一・七キロメートルの地点にあった我が家の直ぐ前の幼稚園で被爆しました。

幼稚園も家も倒壊し、跡形もなく焼失してしまったのに、あの日、背中に窓ガラスの破片が突き刺さっただけで済んだのは、いくつかの幸運が重なったからだと思われます。その一つは、私が園の庭ではなく屋内にいて直接閃光を浴びなかったこと、二つ目は、建物が倒壊、焼失する前に外に出ることができたこと（あの日壊れた建物の下敷きとなって圧死したり、逃げ出すことが出来ないで建物と共に焼死した人はその日の死者の半数に近い四八％に上り、祖母も倒れたわが家の下敷きになっていたのを祖父によって、ようやく助け出されたのでした)、三つ目は、迫ってくる火を逃れて郊外へ逃げる途中、降りだした黒い雨(放射能雨)を軒下で雨宿りして濡れるのを避けた——など、これらの偶然が重なって命が助かったと言えるようです。

私の母は、近所の人達と建物の取り壊し作業(爆撃による延焼を防ぐため)に出かけ、爆心地に近い街(推定九〇〇メートル)で被爆し、全身に熱射を浴びましたが、重症の身にも拘らずわが家まで辿り着き、祖父から私が無事であることを聞くと、安堵して倒れ込み、そのまま動けなくなったそうです。

意識の薄くなった母を、祖父の引く大八車(荷物運搬用の二輪車)に乗せて郊外に逃げたのですが、その途中で見た光景は、まるで生き地獄の有様で、幼い私にも忘れることが出来ないほど強烈なものでした。道路には、全身灰をかぶったように汚れ、頭髪の逆立った人や、火傷して皮膚が垂れ下がり、男女の区別もつかないような人達が、力ない足取りでゾロゾロと郊外へと歩いていたのです。

私達は二つの川に架かる橋を渡って逃げたのですが、川岸には焼けた体に水を求めて人が群がり、まるで海水浴のようにごった返していました。既に川に流されている人もありましたが、あの日、川に飛び込んでそのまま行方が知れなくなった人は数知れません(当日の死者で家族が死に目に会えた人は四・一％しかなく、遺体を確認できた人は二二・九％、遺骨で確認できた人が二七・七％、その他半数近くの人が行方不明のままなのです）。橋の上では、それ以上歩けなくなった人達がうずくまったり倒れていて、逃げていく人達に手を伸ばして「水を！ 水を！」と乞いせがんでいました。そんな極限状態の人にも救いの手を伸ばすことなく逃げる――。それが戦争という非常時の非情の実態でした。

母は臨時に造られた収容所に運ばれましたが、重症の体に何の手当ても施されず、幼い私を傍に置いたまま二日後に亡くなりました。三二歳でした。

あの日、広島に落とされた原子爆弾は、たった一発でその日のうちに一〇万人以上の命を奪いましたが、その五ヵ月後（年末）には死者の数は一四万人となり、五年後には二〇万人に、六年後には二四万七千人と、その数は増え続けるばかりで、今なお闘病生活を余儀なくされている人もいます（当日の残虐性はいうまでもありませんが、後々増え続ける放射線被害の執拗な残酷さこそが、まさに核兵器が《非人道的兵器》といわれる所以なのでしょう）。

あれから間もなく六五年が経過しますが、その間、私達被爆者は生き残った者の使命として「再び被爆者をつくらない為に」と、核兵器の廃絶を呼びかけ続けてきました。それにも拘らず、核保有国も保有数も増え続け、今や地球上に存在する核弾頭は二万数千発にも上るといわれ、実戦配備の数といわれる一万二千発を広島型の原爆に換算すると、驚くばかりの、実に二四万倍に匹敵するとの数値が出ています（これまで使用されなかったことはせめてもの救いですが、核兵器が保有されている限り今後の保障はありません）。

けれども、昨今、世界の世論がようやく《核兵器の無い世界》の構築を支持する方向へと動き始めたことはご承知のとおりです。米国元高官らの援言を初め、オバマ大統領のプラハ演説に続く、国連総会での「核兵器保有量の大幅削減」の決意明示、安全保障理事会での「核兵器の無い世界」決議の全会一致採択と、流れが大きく動き始めたことは、世界中の平和を願う多数派の大きな励みとなったのではないでしょうか。

戦後最大の盛り上がりとなったこの流れを逆行させることなく、二〇二〇年の「核兵器廃絶」の目標に向って、今こそ全世界が一丸となって取り組むべきではないでしょうか。高齢化した私達被爆者も、最後の力を振り絞ってこれまで以上に世論を高める努力をし、長年の悲願である「核兵器の無い世界」を生きて見届けたいものです。

つぎは蒔添安雄さん。蒔添さんは長崎被爆者で私と同期でした。若手被爆者で組織された

「一粒の麦」という組織があり、将来を見据えて勉強を中心にいろんな活動をしたのですが、その日を待つ前に二〇二〇年に亡くなられました。

◎私の被爆体験記

時添安雄（東京都大田区）

私は、長崎の爆心地から五・五キロメートルといわれるところで被爆しました。原爆が投下された一九四五年八月九日、私は四歳でしたので、明確に記憶している体験はありませんので、家族から聞いたことをふくめてお話しします。

私が被爆した場所は、長崎県西彼杵郡時津村（現時津町）元村郷というところです。長崎の爆心地から北の方角、爆心地との間にはいくつかの小さな山々があり、大村湾に面しています。

「あの日」は晴れていました。

親から言いつけられて、姉二人兄一人と私（一〇人兄弟の末っ子）の四人で田んぼへ「フ」と呼んでいた稲の害虫『カメムシ』を捕りに出かけました。

しばらく過ぎてから、「飛行機の音が聞こえるみたいだから帰ろう」と四人で家へ帰る途中、ちょうど近所の墓地の横の坂を長崎市の方を向いて歩いている時でした。

激しい閃光を感じたとたん、私たちは墓地に逃げ込みました。当時の墓地には、「タマヤ」という石碑を覆う小さな家の形をしたものがありましたが、私は、姉の後について、夢中で泣きながら「タマヤ」に逃げ込みました。私は姉の腕の中に護られていましたが、すぐ来たという爆風の記憶はぼんやりとしかありません。姉は、私を放って自分だけ先に「タマヤ」に入って悪かったと、今でも詫びています。

家に帰ったら、爆風で障子や襖などは吹き飛び、麦わら屋根の天井などの煤は畳一面に落ち散らばって、ひどい状態でした。

父母も畑から帰って来て、母は「閃光が走ったとき、自分の周りに虹ができて狙われたと思った」「爆風で杉の木が地を這うように見えた」と驚いた様子で話しました。家族は幸いにも怪我や火傷を負った者はいませんでした。

その後の昼食の記憶はありません。

しばらくして、時津旧街道の見えるところに出て見たら、長崎方面からボロを着たような人たちが、三々五々、無言で、元気なく歩いて来ていました。何がなんだかわからずに、その人たちの後についていったら、その人たちは、近所の田崎医院に入り、畳の広間に列を作り、ほんとうにゆっくりゆっくり、座っていきました。

「ボロ」だと思ったのは、大火傷のために剥がれて垂れ下がった皮膚だった人もいました。衣服が破れている人、大ケガをした人もいました。今思えば、どんなに痛かっただろう、辛かっただろうと思います。

私は、今でも、「あの日」の体験について、同級生から後に聞いた話を思い出します。

時津の本通り近くの同級生は「負傷・火傷した人たちを載せたトラックが北の方へ向かって行くのを見た」と話していました。学校近くの交差点に近い同級生は、「けが人をトラックから降ろすところを見た」。「中には、死んでいるような人もいた」とか話していました。

私の父は、大工と百姓をしていましたが、「あの日」の翌日からか何日間も、長崎の爆心地や大橋付近など、爆心地付近に救援に通っていました。姉たちは、父が出会った酷い死体や悲惨な状況について、聞いたようですが、私は覚えていません。その父は、一九六七年に膵臓ガンで死亡しました。私は、被爆直後、放射線の渦巻く長崎の中心地に何日間も入ったためだと思います。

また、父と同じ大橋付近で救援作業の隊長だった親戚の人は、男性なのに乳ガンで死亡し、別の親戚の人も、胃ガンで死亡しました。

私と同じように、長崎の爆心地付近には入らなかった人のなかでも、姉の息子は四〇歳代の若さで肺ガンで、その兄も五〇歳代で胃ガンで死亡しました。被爆者の息子である甥たち二人もがガンで死亡するとは、やはり原爆の影響ではないかと、私たちを不安に陥れています。

私は、父について、忘れられない記憶があります。

私が小学生の頃でした。父は、仕事で牛車で長崎市内へ行くとき、私をつれていきました。その帰りに、わざわざ回り道をして製鋼所の赤錆びのついた曲がりくねった鉄骨や、大学病院の曲がった煙突を私に見せました。そして、爆心地付近の高台にある有名な片足鳥居のところに登って、「長崎の街は、原爆によって、こんなになってしまったんだよ。よく見ておきなさい」と、真剣に話してくれました。父は、幼い私に、原爆の酷さ、戦争の被害を、実物で見せておこうと思ったのでしょう。

みなさん。私は、いま、その父の思いを抱いて、そして、原爆の放射線によって六五年間も苦しんできた被爆者の願いを背負って、アメリカに来ました。原爆を落とした国・アメリカに抗議のためにではなく、私たちを苦しめ続けている核兵器をなくすために、アメリカのみなさん、世界のみなさんと手を携えて運動を広げるために来ました。みなさん、この地球と人類のために力を合わせましょう。

最後に、広島の被爆者でとてもお世話になった大先輩の田邉さん。当時の様子をご自分で何枚もの絵にして被爆の実相を話されていましたが、亡くなられました。

◎ＮＰＴ再検討会議にあたって訴えたいこと　田邉俊三郎（東京都調布市）

皆さん、こんにちは。お元気ですか。私は今から六五年前、広島で二〇歳のとき、二・一キロメートルの所で被爆した、サバイバーの田邉俊三郎です。

被爆後六五年経って、平和を愛する皆さんとお会いできて嬉しく思います。また、皆様の素晴らしい協力と援助により、被爆の実相と訴えを皆様にお話しする機会を設けて下さいましたことを感謝致します。

一九四五年八月六日、八時一五分、人間の頭上に初めて原子爆弾が広島に落とされました。原子爆弾は地上五八〇メートルの所で炸裂しました。地表でも三〇〇〇℃から五〇〇〇℃の熱線を出したといわれています。

この瓦はその熱で表面が溶けたのです。真下の人は溶けて消えてしまいました。近くの人はこの絵のように、目玉が蟹や蝦のように飛び出して、指先は肉が溶け、骨が残りました。体は真っ黒に焼けてしまいました。

　中心から離れた所にいた人はこの絵のように火傷をしました。皮膚がぼろきれのように垂れ下がり、痛さにうめきながら手を前に出して、幽霊のようにして逃げました。力尽きて息切れ、倒れ「水を、水を」と求めました。生き地獄とはこのことです。

　私も火傷しましたが、薬を作り、顔にべたべた塗って痛みを抑えながら、水を飲める人々に焼け跡の中の噴き出ている台所の水を茶碗に汲んで飲ませてあげました。皆「ゴクゴク」飲みました。しかしその後、静かになりました。死んだのです。「体が三分の一以上火傷している人に水を飲ませると死ぬぞ」と言われていました。でも可哀想なので水をあげました。死に水になりました。

　三〇〇〇℃の熱で広島の家は瞬時に焼け、秒速五〇〇メートルの爆風で吹き飛び、人々は焼け出され、広島市内を流れる大田川には火傷の痛さを癒そうと、この絵のように川の中に入った人々は溺死して、瀬戸内海の塩でふやけて白豚のように白くなり膨れて、何千と数え切れない溺死体が潮の干満で広島から離れがたいかのように、行ったり戻ったりして漂っていました　焼け野原になった広島市内にはこの絵のように焼け死体が至る所に散乱していました。母と赤ちゃんの焼け死体がありました。赤ちゃんの頭を可哀想にと撫でましたら、ペシャッと崩れて灰になりました。私は「南無阿弥陀仏」と唱えて逃げるように立ち去りました。

また、被爆者は六五年経った今日まで、放射能で苦しみ続けています。

私は白血球減少症・肝臓障害・貧血・慢性気管支喘息・不整脈・大腸癌・食道炎・前立腺肥大症・膝腰脊椎関節炎・脳梗塞・高血圧症等で病院通い中です。毎日、このように一二種類の薬を飲んでいます。

広島で五万人、長崎で二万人が瞬時に殺され死にました。その年の暮れまでに広島で一四万人、長崎で七万人が死にました。そして放射能障害で毎年八〇〇〇人が亡くなっています。こんな悪魔の原爆がまだ世界中に二万発以上もあるのです。もし今後使われたら、地球上の生物は消えて地球は死の世界になります。こんな核爆弾は一刻も早くなくさねばなりません。

平和を愛する皆さん、全世界に声高く叫び、訴えましょう。この崇高な叫びは神の声となり、核兵器廃絶は実現するでしょう。この時こそ、青い地球は残り、平和と繁栄の鐘は鳴り続けるでしょう。有難うございました。そして、この崇高な平和の闘いに対し、後世の子どもたちはどんなにか敬虔な感謝をもって歴史上に褒め称えるでしょう。ノーモア・ヒロシマ、ノーモア・ナガサキ・ノーモア・ウォー。世論に勝る兵器はない。平和の勝利が訪れるでしょう。

14 二〇一八年、ピースボート「ヒバクシャ地球一周　証言の航海」

「ヒバクシャ地球一周　証言の航海」に参加して

大型客船で世界各国を回りながら、各地で広島・長崎の被爆者が原爆被害を証言する「ヒバクシャ地球一周　証言の航海」（通称「おりづるプロジェクト」）は、NGO「ピースボート」が主催して二〇〇八年から始まり、毎年実施されてきました。第一回の航海には一〇〇人の被爆者が招待されました。

私は、第一回以来、何時かは乗船しようと思い続けて機会を窺っていましたが、一一年目の二〇一八年でやっと念願がかないました。五月八日から八月二一日までの一〇六日間、二二カ国・二五カ所に寄港し、そのうち一五カ国・一八都市で証言活動をおこないました。参加した被爆者は、三歳時被爆の私、一歳時被爆の長崎女性、広島被爆二世の男性の三名で、それぞれ被爆時の記憶のない世代です。

今回の「おりづるプロジェクト」の参加者とスタッフ。左から２人目が筆者。

この時のプロジェクトの主な役目は、寄港地で各国の政府機関に働きかけ、核兵器禁止条約に署名・批准を要請し、二〇二〇年までに世界で数億人の署名を集め、国連に提出する「ヒバクシャ国際署名」への協力を得ることです。

前年の二〇一七年七月七日、国連で核兵器禁止条約が一二二ヵ国の多数で採択されたことや、また一〇月にＩＣＡＮ（核兵器廃絶国際キャンペーン）がノーベル平和賞を受賞したことが、今回のプロジェクトの大きな後押しとなりました。それは、ギリシャでチプロス首相、アイスランドとパナマでは外務大臣、フランスやデンマークでは国会議員、シンガポールとコロンボでは政府高官など、各国の要人と面談でき、普段の民間外交では考えられない方たちに直接会って訴えて協力を要請できたことです。

船は寄港地での証言活動だけでなく、船内でも、カナダ・ハリファックスでは議員やジャーナリストの方たち、また、国連で決めた持続可能な開発目標（ＳＤＧｓ）のメンバーや、各国から集まったオーシャンユースなどの方たちとの交流の催しをしました。

アジア、ヨーロッパ、北欧

応対した政府高官たちは、個人的には平和への思いは一致すると発言しますが、国としての対応は異なりました。それは、自国が所属するＮＡＴＯ（北大西洋条約機構）やＮＰＴ（核不拡散防止条約）、対米、対日を意識したものでハードルは高く感じました。改めて軍事同盟の役割は何かを考えさせられました。


スウェーデンのストックホルムでＩＰＰＮＷ（核戦争防止国際医師の会）の方と懇談しましたが「日本の憲法九条は大丈夫か」と質問を受けました。スウェーデンは一九九八年に誕生した「新アジェンデ連合」に加盟し、ノルウェーやフィンランドなどと積極的に平和活動していましたが、政権が交代して脱会しています。復帰の可能性は限りなく「ＮＯ」とのことでした。

アフリカやシリアなどから増え続ける移民や難民問題が大きな社会問題となり、国民の意識が保守的になっているように感じられました。

イタリアでは、核兵器禁止条約を全国の各自治体が国に対して「批准せよ」と決議を上げる運動をし、教会の施設に二〇〇名くらい集まった皆さんの前で被爆体験を話しました。

リスボンから三泊四日ほど船を離れ、フランスのパリでは、前年ノーベル平和賞を受賞したＩＣＡＮ（核兵器廃絶国際キャンペーン）の方の精力的な案内で、平和市長会議の方や、三つの政党会派の上院議員と懇談や記者会見をしました。面談後、国会図書館に案内され、ナポレオンのイニシャルが入った椅子、フランス最初の憲法などが豪華で贅沢な内装を施された室内に、膨大な量の図書と共に保管・展示されていました。

デンマークのコペンハーゲンでは、外交委員会の国会議員の方たちに「証言」と交流し、同席した野党の緑の党の方は私たちの意向に沿った発言でした。

ハリファックス、ニューヨーク、シアトル

カナダ東部のハリファックスでは、船内に議員やジャーナリスト、外務省の事務官などの方たちを招いて「証言」と交流を実施しました。

ニューヨークでは、国連に出向いてメキシコとオーストリアの国連大使と面談しました。両国は、核兵器禁止条約の採択に向けて重要な役割を果たしました。

シアトルでは、どこまでも続く荒野を猛スピードで三時間かけて駆け抜け、戦時中製造したプルトニュームが長崎に投下され今は博物館となっているハンフォード原子炉を見学し、職員の方と交流しました。当地では、被爆者の訪問に不安があったそうですが、理解し合ったことに安堵したとの発言がありました。

ハンフォード原子炉から約三〇キロメートル風下の被曝者で男性の方との交流では、731部隊の石井四朗が来たことや、クリントン大統領時代、ご自身も含め付近の住民から発病や奇形児が生まれ、その被曝被害を償えと一人で法廷闘争をし体制側からの嫌がらせを跳ね除けて勝訴、一〇〇〇ドルの補償を得たことが話されました。しかし、それ以外話すことは何もないとも話されました。

広大な土地への入植の条件は、第二次世界大戦で活躍した若い兵士夫婦で、幼子がいる家庭です。国は、彼らが被曝することを見通して住まわせたと思わざるを得ません。全米で数百万人の被曝者がいると話されました。

キューバ、パナマ、コスタリカなどの中南米中南米各国では私たちの思いと全く一致し、政府関係者、大学や市民団体、自治組織など各地で大歓迎でした。国営・民間テレビ局や新聞社、ラジオ収録などの取材も沢山受けました。チェ・ゲバラとカストロがアメリカの不当な干渉をはねのけ革命を成功に導いた国キューバ、核兵器禁止条約をまとめたホワイト議長の出身地で軍隊のない国コスタリカ、核兵器のない世界を主張し続けるメキシコ、コーヒーが世界で一番おいしいと主張するコロンビア、大西洋と太平洋で海面差二七メートル、運河の収益が国益の大半を占め、核兵器禁止条約の批准を言明したパナマ……、自らの力で独立を勝ち取ったこれらの国々は魅力一杯です。

女性の活躍も共通しており、コスタリカでは「議員の四〇%以上が女性」と法定されているなど、「男社会」日本との落差がつくづく実感されました。

貴重な体験を今後に生かす

ヨーロッパで先進国と言われる国々は核兵器禁止条約の批准には消極的で、逆に中南米の国々は積極的です。真の先進国とは、経済面と平和問題が揃ってこそ先進国と感じました。

核兵器禁止条約の署名国は現在〔二〇一九年〕七〇カ国、二二カ国が批准しています。五〇カ国が批准すれば九〇日後に国際法として効力を発揮します。いよいよ、核兵器は「悪魔」のレッテルを貼られる時代、人類史でも画期的な局面に生きていると思っています。

船には船長と四〇〇名のスタッフに、国内外から約一〇〇〇名の乗客。「ヒバクシャ国際署名」七〇〇筆近くを、船内で集めました。

ピースボート代表の川崎哲さんをはじめ、ピースボートの皆さんには本当にお世話になりました。今回は北回りでしたが、機会があれば南回りにも参加したく思っています。

川崎さんがピースボートに所属する前の「ピースデポ」時代のことですから二〇年近く前になりますが、川崎さんの講演会に参加する機会があり、正直「この若さでこんなに知識が豊富な人がいるのか」と驚きをもって受講したことが印象的でした。NPO法人ピースデポは、日本の核問題では一番のシンクタンクと思っています。現在、長崎大学核兵器廃絶研究センターの中村桂子准教授も以前に所属されていました。


以下、ピースボートが作成した日時を追った「航海のまとめ」を下敷きに、私の感想や印象などの記述を付記してみました。

第九八回ピースボート「ヒバクシャ地球一周 証言の航海」おりづるプロジェクト

二〇一八プロジェクトの概要とその成果

・クルーズ――第九八回ピースボート「地球一周の船旅」
・テーマ――「核兵器の禁止から廃絶へ――市民の力で進めよう」
・期　間――二〇一八年五月八日～八月二一日、横浜発着、計一〇六日間。
・寄港地数――二二カ国・二五寄港地
・使用客船――オーシャン・ドリーム号
・参加者――三名。上田紘治（広島被爆者）／倉守照美（長崎被爆者）／品川薫（広島被爆二世）。全員「非核特使」に委嘱。
・証言活動――一五カ国・一八都市にて実施。
・後　援――広島市／長崎市／平和首長会議／日本原水爆被害者団体協議会／公益財団法人広島平和文化センター／公益財団法人長崎平和推進協会

・プロジェクト通称――「おりづるプロジェクト」

主な活動と成果

①核兵器禁止条約への署名・批准を各国に求め、核兵器禁止条約発効への機運を高めた。
・シンガポール、ギリシャ、ノルウェー、アイスランド、カナダなどで、政府高官や地方議会等に核兵器禁止条約への賛同を要請。
・ニューヨークにてメキシコ、オーストリア国連大使館大使代表部を訪問。
・メキシコのプエルトバジャルタ市が平和首長会議に加盟。
・ヒバクシャ国際署名を計六八四筆集める。
②世界のさまざまな戦争被害者や核被害者との連帯活動を展開した。
・シアトルにてプルトニューム精製の原子炉の放射能汚染被害者（通称、風下住民）と交流。
・オーシャンユースやSDGsユースたちといった各国の若者たちと海洋問題や持続可能な開発に関して交流。
・中国、韓国、マレーシア、シンガポールなど、アジアからの多数の乗船者と交流。
③ピースガイドが次世代の活動の可能性を広げた。

・被爆体験の継承と核なき世界に向けて活動する「おりづるピースガイド」の養成講座を実施。一六名が修了。今後、原爆や平和に関する活動に取り組む。

寄港地での活動

▼五月一八日、シンガポール

※ 活動都市――シンガポール

※ 発言者――上田紘治さん／倉守照美さん／品川薫さん（外務省へ訪問）

外務省の核拡散防止、核と安全保障部門の担当官テオ・ツェ・エルムさんとの面会、核兵器禁止条約への署名と批准を要請する。代表して上田紘治さんが被爆証言を行い、核兵器禁止条約の必要性について話をする。シンガポールの寄港で初の外務省訪問ということで、テオさんからは「被爆者が核廃絶へ向けて伝えていくことが核廃絶へ近づく」とお話をしていただく。署名と批准には消極的な対応で、建物内での写真撮影も禁止でした。

▼五月二三日、コロンボ（スリランカ）

※ 活動都市――コロンボ

※ 発言者――倉守照美さん（外務省へ訪問）

外務省の事務次官のパサド・カリヤワサムさんと面会、核兵器禁止条約への署名・批准を要請。外務事務次官は「スリランカは核を持たない国としている。核も原発も持たない国として、民衆の力から政府を変えていくことが必要」と言われた。

美味しい紅茶をいただきながら立派な部屋での会談でしたが、やはり署名と批准には距離がある感じでした。

▼六月五日、サントリーニ島（ギリシャ）

※活動都市――サントリーニ島

※発言者――品川薫さん／倉守照美さん（小学生に向けての証言会／約三〇名）

ＩＣＡＮパートナー団体、核戦争防止国際医師会議（ＩＰＰＮＷ）のマリア・アルヴァンティ・ソティロポウロウさんの受け入れにより、地元小学校を訪問し、

サントリーニ小学校を訪問して被爆証言

児童に被爆証言を伝える。被爆者の体験を初めて聞いた子どもたちは、驚きつつ、真剣に話を聞いてくれた。観光案内に出てくる白と青色の建物が映える島、小学校での交流はとても有意義でした。

▼六月六日、ピレウス（ギリシャ）

※活動都市――ピレウス

※発言者――上田紘治さん（国会議員に向けての意見交換会／約三〇名）。上田紘治さん／倉守照美さん／品川薫さん（首相官邸へ訪問し面会）

国会議員に向けて証言会を行い、核兵器禁止条約に関しての意見交換会を実施。

その後、首相官邸にてチプラス首相と面会。被爆者への敬意を示す言葉をもらうとともに、「ギリシャが平和な一歩・核のない一歩を歩めるようにしていきたいです。」との発言があり。また、官房長官とも面会し、

ギリシャの国会議員に向けての証言と意見交換

質疑応答の時間を設ける。原爆が落とされたという出来事に対しては戦争犯罪であると個人的見解を示し、核のない世界を目指すとのこと。

　チプラス首相が私（上田）に向かって、「何か話す事は？」と問いかけられました。私は自由と民主主義は人類が到達した不変の真理で「ノーモア ヒロシマ・ナガサキ、ノーモア ヒバクシャ」の言葉も同様に世界の共通の認識にしたいと話し、この言葉には三つの意味がある、①決して報復はしない、②死者を決して忘れない、生き残った被爆者が語り伝える使命がある、③世界の何処にも広島・長崎を繰り返してはいけない、「友愛と連帯の絆を」と話しました。はたして、どこまで通じたか……。

▼六月九日、カリアリ（イタリア）
※活動都市――カリアリ

チプラス・ギリシャ首相と面会

※発言者――上田紘治さん／倉守照美さん／品川薫さん（市民への証言会／約二〇〇名）

ＩＣＡＮイタリアのリーサさんの受け入れにより記者会見と証言会イベントを実施。

証言会イベントでは、サルディーニャ島の市議会がイタリア政府に核兵器禁止条約に署名・批准を求める決議を採択するためのものであり、市民が政府に訴えていく力を見る。サルディーニャ島が核の廃棄物場にされることを防ぐためにも被爆者と共に力を合わせて働いていきたいとの話を受けていく。

イタリアの政権が短命で、日本と三国同盟を結んだ国でもあり興味があったのですが、市民運動の力が日本よりはるかに強いことを認識しました。核兵器禁止条約を地方の議会で国が批准するよう全国で取り組んでいる、過半数の議会で採択される見通し

カリアリでの証言会イベントに参加

との話でした。

▼六月一四日～一七日、パリ（フランス）

※活動都市――パリ　※リスボンから船を一時離脱

※代表団――上田紘治さん／倉守照美さん

一日目は、ICANパリの方々や平和首長会議の方々が歓迎。二日目は、三名の上院議員の方との面会。環境団体の財団主催の記者会見に参加。被爆体験や今の世界の核に関する状況について聞かれ話をする。その後ラジオ出演をし、核兵器禁止条約について聞かれる。三日目は、新人の女性議員の方と面会し意見交換を行う。

三日間、ICANの案内でしたが、精力的な方に驚きました。会談の合間にとても大きな国会図書館も訪れ、ナポレオンが座っていた椅子やフランス憲法の原点になる貴重な資料などに触れることが出来ました。パリの街角のいたるところにナポレオン像があるのも印象的でした。

市民との交流の場で、パリ在住の日本の方とお会いし、東京ではご一緒に食事などしたこともあり、驚きの対面でした。

▼六月一七日、フランス（ル・アーブル）

※活動都市――ル・アーブル
※発言者――上田紘治さん／倉守照美さん／品川薫さん（船内での証言会／約二〇名）
ＩＣＡＮフランスのジャン・マリーさんの受け入れにより、船内にて証言会を実施。地元の子どもたちも多く訪れていた。その子どもたちは平和首長会議に加盟している国の子ども。質疑応答の時には子どもたちから「今は広島に放射能があるのか？」「アメリカを憎んでいるのか？」など質問がある。また、ＩＣＡＮフランスに所属している最年少のパブロくんから学校の友人と核について話し合うことで意識を変えていくことができると話をされる。

▼六月二六日、ストックホルム（スウェーデン）
※活動都市――ストックホルム
※発言者――上田紘治さん／倉守照美さん／品川

ル・アーブルで開かれた船内での証言会

薫さん（ランチ会談／六名）

ノーベル博物館に行き、見学。その後、ＩＣＡＮパートナー団体のＩＰＰＮＷ（核戦争防止国際医師会議）の方々と昼食会。昼食をしていく中で核兵器禁止条約に関心や批准をさせていくためには、被爆者の体験こそが必要不可欠なものになっていくと言われる。また、スウェーデン市民の核兵器禁止条約への興味関心を伺うと日本とそんなに変わらないことが分かる。市民から意識を変えていくということの必要が大切だと再認識する。

ＩＰＰＮＷの女性参加者から「憲法九条は大丈夫ですか？」との問いかけには驚きました。「被爆者に取って九条は命です」と回答しました。

ノーベル博物館ではノーベル自筆の論文や受賞者が椅子の裏に書くサインなど見学し、ノルウェーとの友好を願って五部門のうちノーベル平和賞だけはノルウェーにしたいきさつの説明も受けました。

▼六月二八日、コペンハーゲン（デンマーク）

※ 活動都市――コペンハーゲン

※ 発言者――倉守照美さん（国会議員との面会／五名）

外交委員会の国会議員と面会。倉守さんが長崎被爆の谷口稜曄さんの赤い背中が掲載されている新聞を持ち、被爆証言とスピーチを伝える。国会議員の方々はＩＣＡＮの議員署名をし、核廃絶へ向け、中心議員が核兵器禁止条約に署名・批准をしていくよう呼びかけると話をする。

▼六月三〇日、ベルゲン（ノルウェー）

※活動都市――ベルゲン

※発言者――倉守照美さん（ベルゲン副市長との面会）

ベルゲン副市長のアーレン・ホーンさんと面会。ベルゲン政府の核兵器禁止条約への考えを聞く。ＩＣＡＮサポーターのＩＰＰＮＷの方から「ノーベル平和賞を受けてる国として、核兵器禁止条約に署名も批准も出来ないのは恥ずかしい。」という一言をもらい、市民レベルでまず政府を動かすことの大切さなど共有し、有意義な意見交換会になる。

乳母車で参加された方がありましたが、この国では職場の仕事机の傍に乳母車を置いて仕事することが一般的とのこと、日本では保育所に預ける待機児童問題があるのですが、ノルウェー方式だと保育所は不要で考えさせられますね。

▼七月四日、レイキャビク（アイスランド）

※活動都市――レイキャビク

※発言者――上田紘治さん／倉守照美さん／品川薫さん（外務省へ訪問し、外務大臣と面会）

上田紘治さん、倉守照美さん、品川薫さん（外交委員会の方と面会）外務省へ行き、外務大臣との面会。水先案内人でありＩＣＡＮサポーターのスコット・ラドラムさんは「核なき世界を目指していくためにアイスランドの参加が重要」と核兵器禁止条約への署名・批准を呼びかける。次に外交委員会の方々との面会。

外務大臣、外交委員会の方も同様に「個人的には被爆者の皆さんと同じですがＮＡＴＯ加盟国でありＮＰＴ会議の中で……」と発言される。

ベルリンの壁が崩壊した後、一九八九年にレーガン米大統領とゴルバチョフソ連共産党書記長との会談がここレイキャビックで開かれるなど、福祉国家のイメージと共に平和問題でも北欧の地は進んでいるのではないかと期待をしたのですが、正直、期待外れでした。

ヨーロッパの各国々で会談や交流を繰り返しましたが、どの国でも男性以上に女性が中心的存在で女性の活躍を想像させました。

▼七月一〇日、ハリファックス（カナダ）

※活動都市――ハリファックス

※発言者――品川薫さん（船内にて証言会／四〇名）

ICANサポーターのMAC（Mines Action Canada）のエリン・ハントさんの受け入れにより船内にて証言会を実施。議員やジャーナリストの方々を招いた。外務省の事務官のマット・ドゥクーシーさんからは、MACのエリンさんの活動やサーロー・節子さんのスピーチなど、核のない世界を目指して活動していく運動について評価していくべきとのお話を受ける。

▼七月一二日～一三日、ニューヨーク（米国）

※活動都市――ニューヨーク

※発言者――上田紘治さん／倉守照美さん／品川薫さん（メキシコ国連代表部大使、オーストリア大使館大使と面会）、上田紘治さん（証言会イベント／三〇名）

一二日は、メキシコ国連大使館大使との面会。ノーベル平和賞メダルと賞状も披露。核兵器の非人道性について話をしていただく。次にオーストリア国連大使館大使と面会。アメリカに住んでいる日本人や平和団体の方向けに証言会を実施。ともに、核のない世界を目指すと話をする。

メキシコもオーストリアも、核兵器禁止条約には積極的な国で、思いを共有できたことは嬉しい限りでした。NYは四度目の訪問でしたが、被爆の実相を話している様子がNHKでも放映されたそうで帰国後、知人から連絡がありました。

尽力いただいた中満泉国連事務次長の面談を希望したのですが、不在で実現しませんでした。

一三日は、9・11トリビュートミュージアムへ訪問。遺族が残した博物館にて、生存者のペーターさんと面会し、案内と証言を聞く。紙一重の差で生死が分かれた話を聞き、被爆者と重なる部分があると共感しあうことができた。

エンパイアステートビル崩壊後、グランドゼロの訪問は二度目です。すっかり整理されて、遺族が待ちきれず先に建てた博物館と国が建てた博物館がありました。前回、仮設風の展示場にサダコのパネルが展示してあり驚いたのですが、今回は見当たりませんでした。

▼七月一七日、ハバナ（キューバ）

※活動都市――ハバナ

※発言者――上田紘治さん／倉守照美さん（国際高等学校で証言会／約二〇〇名）

国際高等学校にて学生、キューバ大使、国連協会の方、平和団体などの方々に向けて証言会を実施。核の専門家より「核兵器はいかなる安全保障であっても許してはいけない」といった強い言葉をいただく。その他、平和団体の代表の方や国連協会の方などからキューバが核兵器禁止条約に批准したということを誇りに思うとともに、被爆者と共に核のない世界を目指していくとお話をいただく。

素晴らしい熱烈な歓迎でした。横浜を出港する時、在日大使の方がハバナで会おうとあいさつされたのですが、昼食会に招待され再会できました。その中に、チェ・ゲバラがボリビアに行く別れの場にカストロと一緒に同席していたという温厚で小柄な方も参加されていました。一六歳で祖国解放の戦士に参加されたそうですが、別れの場でカストロ、チェ・ゲバラと一緒に撮った写真を貰いました。同世代か私より若いかもしれません。

招待された昼食時に飲み物を注文するのですが、キューバの方は全員ビールで、われわれは全員ジュースでした。

「平和の小道」を案内され、そこで、憲法について日頃から議論している、子供でも「憲法違反だ」

ゲバラ、カストロと撮った自身の写真をもらった。

と訴えることができると話されたことが印象的で、憲法が生活に密着して身近に存在しているのが印象的でした。

　革命広場に行きチェ・ゲバラの大きな壁画を見学し、市内を走り回る五〇年代、六〇年代の米国制自動車など、半日の滞在でしたが一週間くらい滞在したい思いで帰船しました。

▼七月二二日、カルタヘナ（コロンビア）

※活動都市――カルタヘナ
※発言者――品川薫さん（船内にて証言会／約四〇名）

　GPPAC（紛争予防のためのグローバルパートナーシップ）ラテンアメリカ支部の受け入れにより船内に学生約四〇名を招き、証言会を実施。紛争により家族や身内が被害にあった学生たちが平和団体

船内に学生を招いて開いた証言会（コロンビア、カルタヘナ）

を通して地域や同年代の人たちとの横のつながりを大切にしているということを知る。水先案内人のカルロス・ホセ・ゴンザレスさんからは「これからの世代は紛争のない世の中を生きていく中で若者たちが世界を作っていく」という話をしていただく。

証言会の後、学生の皆さんと一緒に市内に出向くのですが、とても陽気で私の腕を取り、コロンビアのコーヒーは世界一だからと勧められる。時間がなく世界一のコーヒーを体験出来ませんでした。

▼七月二三日、クリストバル（パナマ）

※活動都市――クリストバル

※発言者――上田紘治さん／倉守照美さん／品川薫さん（外務大臣と面会／七名）

外務省へ行き外務大臣と面会。核兵器禁止条約にまだ批准をしていないことを指摘。九月二六日の国

パナマの外務大臣と面会

連での核兵器禁止条約への署名式の時には批准を間に合わせるように努力するという返答があり。
航海中で唯一批准を公言された外務大臣でした。

▼七月二六日、プンタレナス（コスタリカ）

※活動都市――コスタリカ
※発言者――上田紘治さん／倉守照美さん／品川薫さん（大学にて証言会／約二〇〇名）

コスタリカで最大の大きさを誇る私立大学にて証言会を実施。生徒約二〇〇名が参加する中で証言会を実施。

被爆者一人一人がスピーチを行う。長崎被爆者の倉守さんからは「放射能は子や孫の世代までに影響していく、許されるものではない」と話をしていく。

参加した生徒からは多くの質問が出て、「核のない世界を作るために市民社会が出来ることはなに

コスタリカ最大の私立大学で行われた証言会の参加者

か？」「核保有国についてどう思うのか？」といった質問が出てきた。核兵器禁止条約に批准している国として生徒の興味関心の強さについて触れることが出来た。

大学での証言会は大歓迎で、学長を交えて昼食も頂きました。

軍隊の放棄を憲法一二条で明記し、核兵器禁止条約を推進する時の議長であったエレイン・ホワイト大使には一番お会いしたかったのですが、ジュネーブに出張中でした。

コーヒーは美味しかったですね！　また、量の多いこと、決して美しくはありませんでしたが大きなアルミ製のカップにたっぷり目の前で入れてもらいました。

▼八月七日、シアトル（米国）

コスタリカ大学で行われた証言会の関係者との記念写真

※ 活動都市――シアトル
※ 発言者――倉守照美さん（原子炉職員に向けて／一二名）

長崎の原子爆弾のプルトニュームを精製していた原子炉を訪問。世界で最初の原子炉を作ったという原子炉を訪問し、館内の見学。そして、職員に向け証言会を実施。質疑応答の時には、「原爆を落としたアメリカについてどのように日本で教育がされているのか？」「放射能の影響はどのようなものがあるのか？」といった質問が来た。また、原子炉からの放射能の影響で被曝した風下住民（ダウン・ウィンダー）のトム・ベイリーさんとお会いし、トムさんの体験を聞く。日本とアメリカ両国の被爆者ということで濃い時間を過ごせた。

訪れたハンフォード原子力施設は現在閉鎖され、今後は博物館として運営されます。職員の方はハンフォードで製造したプルトニューム原爆の被爆者が来るということで、不安であったそうですが、施設の内部の説明を受けたり、被爆の実相を話したりした交流後は、

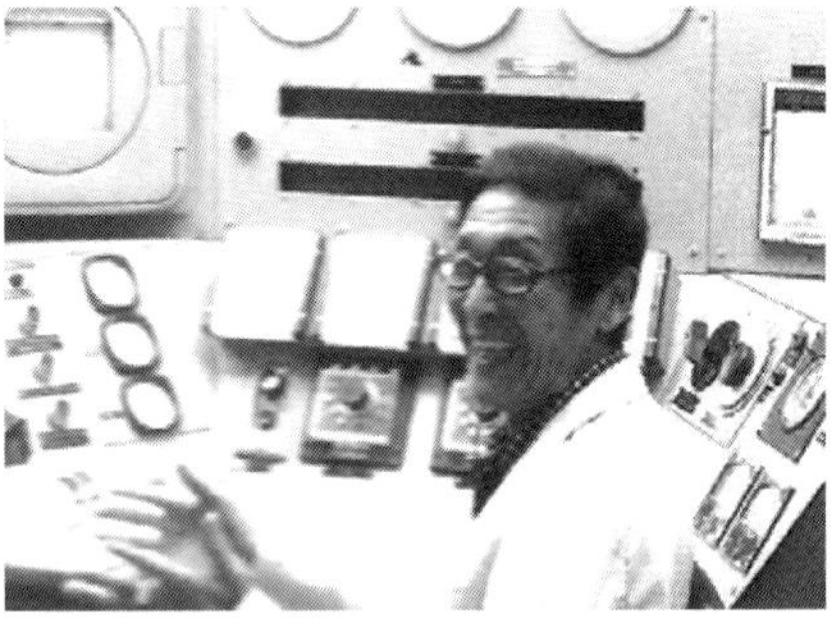

長崎に投下された原爆を製造したハンフォード原子炉の計器室で

互いに理解が深まり安堵したと話されました。

三〇キロメートル風下被害者のトム・ベリーさんはクリントン政権時代、一人で法廷に訴え勝訴したそうですが、少額の解決金だけで後は何もないと話されました。驚いたのは、広大なこの地の入植者の基準が第二次世界大戦に参加し活躍した若い夫婦とのことと、731部隊の石井四郎が来たと話されたことでした。

大リーグで活躍したイチロー選手の本拠地シアトルから内陸に向かって三時間、猛スピードでたどり着くのですがアメリカは限りなく広いですね。車窓から風力発電がズラリ、人影が見えない広大な農場、西部劇に出てくる荒野がどこまでも続きました。

▼その他の寄港地――

基隆（台湾）／バルセロナ（スペイン）／リスボン（ポルトガル）／サンクトペテルブルク（ロシア）／ヘルシンキ（フィンランド）／ジョージタウン（ケイマン諸島）／プエルトバジャルタ（メキシコ）／釧路（日本）

・ヒバクシャ国際署名――合計六八四筆

・賛同してくださった主要な方々――東ちづるさん（女優、「Get in touch」代表）／海堂尊さん（医師、小説家）／吉岡淳さん（カフェスロー代表、元ユネスコ協会連盟事務局長）／ガルバ・ディアロさん（フォルケホイスコーレのクロスボーダー学科長）／森元美代治さん（NGO「IDEA」ジャパン代表）／八木啓代さん（音楽家、作家）

・ノーベル平和賞メダル――証言・交流プログラムを行った計一五カ国のうち八カ国で実施。

・船内での活動《主な交流相手》

☆オーシャンユース――小島発展途上の島々からの若者活動家。気候変動や海洋汚染といった問題に取り組む。島々から若者の声が世界につながるようにしていく。自分のメッセージを伝えている。ストックホルム～ニューヨーク間乗船。国籍はシンガポール・モーリシャス島・セーシェル・パラオ・バルバドス・東ティモール・フィジー。

☆SDGsユース――平和教育と国連の持続可能な開発目標（SDGs）をテーマにしたプログラムに参加するため、若者ら計七名がプンタレナス～プエルトバジャルタ間乗船した。国籍は、メキシコ・コスタリカ・コロンビア・ボリビア・米国、ガーナ、ニュージーランド。

☆おりづるパートナー――「おりづるプロジェクト」に関心を持って、主体的に関わってくれる方々を「おりづるパートナー（通称：おりパ）」と呼称している。被爆者の方とともに、劇や合唱など、様々な企画等を通じてこの問題を知ってもらえるように、船内などで活動している。下船後も継続してその活動に携わる方もいる。

☆水先案内人――東ちづるさん／伊藤千尋さん（国際ジャーナリスト、元朝日新聞記者）／吉岡淳さん／ガルバ・ディアロさん／森元美代治さん／八木啓代さん、ほか。

・多国籍な参加者――第九八回ピースボート、約一〇〇〇名の参加者のなかには、日本国籍の方以外にも、中国、韓国、台湾、シンガポール、マレーシアなど約三〇〇名の多国籍の参加者が乗船した。

世界一周航海を終えて横浜港で記者会見する筆者

ピースボートが主催する「おりづるプロジェクト・オンライン証言会」から声がかかり、二〇二〇年一二月、東京と福岡の大学生の方々約五〇名を対象に、Zoomで、英語、ポルトガル語の通訳者付きで被爆証言をしました。ブラジル、インド、台湾などから日本に留学している国際色豊かな若者たちが参加されました。

今後もこの様な企画を継続されるようで、被爆証言に再登場の可能性ありとのコメントを頂きました（六月一〇日には、ラマダン明けのレバノンの方たちを対象にZoomで被爆の実相を話します）。

ピースボートはコロナ禍で出航を差し控えています。この期間、この様な企画を毎月企画され、これまで二〇か国・地域に向けて、約二〇三五名が参加して、被爆の実相を繰り返し発信しています（五月六日現在）。このような行動こそが核兵器禁止

「オンライン証言会」で証言する筆者

条約に実を結び、ピースボートもその一員であるＩＣＡＮのノーベル平和賞受賞につながった要因だと感心しています。

15 二〇一九年、枯葉剤被害者支援・交流のためベトナムを訪問

二〇一九年一一月、ベトナム枯葉剤被害者支援と被爆者支援のためにベトナム平和委員会と交流する企画があり、私も参加する機会を得ました。

一九六四年、米軍は当時の北ベトナムにトンキン湾事件を仕掛け、南ベトナム民族解放戦線に対して有利になるべく空爆を開始し、大量の枯葉剤を散布しました。東京・横田基地や沖縄など日本にある米軍基地からベトナム攻撃のために飛び立つ米軍に対して、ベトナム侵略戦争を即時やめるよう要求する抗議行動に、私も参加していました。

一九六〇年代は、五〇年代から引き続き神武景気・岩戸景気と言われる日本の高度経済成長期であるとともに、六〇年安保、日韓基本条約（一九六五年）、米原子力空母横須賀寄港など日本の未来を左右する大きな社会問題が連発し、私も広島から上京し一人暮らしの独身という身軽さもあり、決してノンポリではなく職場の仲間と集会などにもよく参加していました。

希望に満ちて上京したのですが、現実は全く裏腹で、正直、二〇代の前半は人として生きる道筋を模索していたと思います。

ベトナムの枯葉剤被害者は、被害一世で三〇〇万人、二世で一八〇万人で原爆被爆者の比ではなく、今も被害が進行中で三世代・四世代に及び、第二次世界大戦後、世界で最大の人権侵害であることに気づかされました。

ベトナム政府は被害者に対して救済の政策を取っていますが、まだまだ行き届いていません。加害国であるアメリカからは何の支援もなく、枯葉剤被害者協会（ＶＡＶＡ）の組織も立ち上がり支援をしていますが、特に地方の被害者には支援は十分とは言えないようです。

原爆被爆者は放射線によってＤＮＡが傷つくために次世代にもその影響が出ますが、枯葉剤はその中に含まれているダイオキシンが原因で次世代に異常が現れます。独立した国に対して、他国が武力でもって後世まで障害をもたらす行為を繰り返すなど、決して許すことは出来ません。日本で手術を受けたベトちゃんドクちゃんを思い起こしてください。たとえ手術や保障をしたとしても、手や足がないなど障害者として生まれた人の人生を健康で普通の生活が送れるように取り戻すことは決して出来ません。ダイオキシンは物を焼却すると必ず発生し、屋外で物を燃やすことは禁止されています。

アメリカは、加害国として被害国・被害者には謝罪を込めて手厚い保障をし、国際的な法の裁きを受けることは当然のことと思います。ところが、アメリカは、被爆者と同様に何の補償もしていません。

昨年［二〇二〇年］の原水爆禁止世界大会に、両下肢と片腕のない若い三〇代前半の男女お二人を招待する予定でしたが、実現できませんでした。今年は八月、今度は日本からベトナム訪問で交流を深めるのですが、世界を覆うコロナ禍で実現できるのでしょうか！

以下、帰国後、まとめた文を掲載します。

ベトナム平和委員会が「ヒバクシャ国際署名」を全国で推進

日本原水協が企画した、二〇一九年一一月一七日から二六日まで「ヒバクシャ国際署名」推進と枯葉剤被害者・被爆者支援を強めるためのベトナム代表団の一員として、ハノイとホーチミンを訪れました。一行は、高草木博原水協代表理事、土田弥生事務局次長、広島で当時三

ベトナム平和委員会での会談と調印式

歳と四歳であった被爆者二名、広島被爆二世一名ほか、総勢一一名です。

ハノイで

成田から約六時間、ハノイで最初に訪れたのはベトナム平和委員会の上部組織であるベトナム友好組織連合への表敬訪問です。

その後、移動してベトナム平和委員会指導部との話し合いでは、「ヒバクシャ国際署名」に全面的に協力することや、二〇二〇年のNPT再検討会議に合わせて四月に初めてニューヨークで開かれる原水禁世界大会に協力することが表明されました。ベトナムはASEANの中でも中心的役割を担い、国家機関の取り組みですから一〇〇万人単位での署名が期待されます。会談終了後、歓迎の夕食会もおこなわれました。ちな

ハノイ大学での交流会

みに、食べ物は代表的な「ホー」や春巻きとともに野菜や果物も豊富で日本人にとって違和感はありません。

翌日は、厳粛な建物に眠るホーチミンの霊廟と歴史証跡の訪問の後、日本では東大に匹敵するハノイ大学で二〇〇名の学生たちと被爆証言や折り鶴を折って交流するとともに「ヒバクシャ国際署名」の推進も合意できました。

ハノイ滞在最終日は、ベトナム外務省とベトナム枯葉剤被害者協会（ＶＡＶＡ）・被害者センターでの懇談や協議、訪問です。

外務省では、友好的雰囲気の中、親交を深めました。

枯葉剤被害者協会との協議では、協力と支援で覚書を交わしましたが、その内容は、①被害の実相を知らせ、核兵器、生物・化学兵器禁止条約への参加と厳守、被害者への補償と救援。②二〇二〇年四月のＮＰＴ再検討会議、八月に向けて核兵器禁止条約発効をめざし「ヒバクシャ国際署名」に取り組む。③二〇二〇年八月の原水禁世界大会にＶＡＶＡは代表を送り、二〇二一年八月に原水協はＶＡＶＡが組織する枯葉剤被害六〇周年に代表団を送るなどです。

ハノイから車でたっぷり二時間余、枯葉剤被害者の診療施設を訪問し、サウナや運動器具が備え付けてあり治療期間は二〇日間との説明を受けました。

一九六一年から一九七一年まで米軍が連日散布を続けた枯葉剤被害は、四世代にわたって二〇〇万人とも三〇〇万人とも言われ、被害者が今も増え続けています。戦後七五年間で最大の人権侵害・犯罪であると実感し、広島長崎の被爆の実相とともに枯葉剤被害の実相も広める重要性を強く感じました。枯葉剤被害を追い続けているジャーナリスト中村梧郎氏の資料では四五〇万人とありました。この施設には、日本政府の支援が表示してありましたが、米国からの補償は全くありません。

ホーチミンで

ハノイから約二時間のフライト。ホーチミンで

枯葉剤被害者と交流

ホーチミンのトン・ドゥック・タン大学での交流会

の最初の訪問先は、戦争証跡博物館です。被爆のパネルも展示し、枯葉剤被害者と交流、被爆証言をしました。敷地には捕獲した米軍の戦車、爆撃機などの展示と合わせて、館内には、当時、ベトナム侵略戦争反対に取り組んだ日本の活動を紹介するコーナーもありました。日本でお馴染みの、ドク氏ともお会いしました。

二万数千人が学ぶ国立のトン・ドゥック・タン大学では、六〇〇名の学生とハノイ大学と同様の交流を重ねました。若い女性で両足、片手の無い枯葉剤被害者が登壇し、素晴らしい発言をされ、感動しました。その彼女ともう一人、同じ障害を持つ男性が、今年八月、広島の原水禁世界大会に参加することになりました。アオザイ姿の学生の目の輝きもとても印象に残っています。

ホーチミン市から西北に七〇キロメートルにあるクチトンネル歴史遺跡には、当時、祖国解放のために米軍と戦うために、森の中に総延長二五〇キロメートルにも及ぶ細い秘密の地下トンネルがあります。その一部を、腰をかがめて実体験をしました。広い敷地内には当時、解放戦線軍が戦った様子が詳しく展示されています。

官庁街がたたずむ元大統領官邸では、当時の官邸の様子を展示するとともに、傀儡政権が官邸から亡命した場所に同型のヘリコプターが屋上に展示されているなど、とてもリアルでした。市内は何処でも、路上にあふれるバイクの洪水で、日本では見られない光景です。

あとがき

公式日程を全て終え、遊覧船での夕食を皆で楽しんだり、海ほど大きなメコン川の中州へ渡ったり、観光名所を訪れたりもしました。

滞在中は、ベトナム平和委員会の素敵な若い二人の女性が通訳を兼ねて同行し、車での移動も全て手配され、宿も政府関係者が利用する施設でした。

解放戦線軍の地下道を体験

日本原水協は、一九五五年八月の発足以来、一貫して核兵器廃絶と被爆者支援を掲げ、毎年五月に東京・夢の島から出発する平和行進は、全国を網の目に三ケ月かけて広島に向けた行進を半世紀以上繰り広げていますが、このような運動体が世界にあるでしょうか。これこそ、被爆者の言動と相まって、二〇一七年七月七日に国連で核兵器禁止条約が採択された原動力だと思います。

現在、八一ヶ国が署名し、三六ヶ国が批准、あと一四ヶ国の批准で九〇日後には、いよいよ国際条約として効力を発揮します。被爆者はこの事を夢みて生涯活動されてきましたが、遅くない時期に国際条約となろうとしている今、人類史上でも画期的な時代に生きているのではないでしょうか。

広島で三歳被爆・八王子在住　上田紘治

あとがき

被爆者として歩んできた私の生きざまが、本として世に送りだされるなど想像もしていませんでした。この話は数年前から天地人企画の有馬氏からあり、お断りしていたのですが「社会進歩に役立つ」という趣旨の話をされたことから決断しました。

二〇〇五年、八王子の被爆者団体が八王子在住四七名の被爆体験を『原爆被爆六〇年──私たちの証言』として光陽出版社から出版した時の担当者が有馬氏でした。以来、ベンガル語・日本語併記の被爆体験集『広島の声』、中国語・日本語併記の被爆体験集『広島・長崎──今、伝えたい被爆の実相』を出版したのですが、いずれも有馬氏にお世話になっています。

被爆者は専門家でも研究者でもなく、その時その場所に、広島・長崎にいただけです。新たな知見・研究成果などは皆無で、読者の皆さんからしてみれば、物足りなさを感じられるのではないかと危惧していますが、私たちの体験は決して世界の何処にも二度と繰り返してはいけないことだけは史実からも明らかです。

被爆者を名乗って何のメリットもありません。「再び被爆者をつくるな」と訴え続けた先輩の導きには感謝しかなく、また、誇りに思っています。被爆の実相を語り広めることが社会進歩に沿い、人類の共通の幸せにつながっている……この一心でここまで歩んできました。

私たちの願いは、生きている間に「核兵器を廃絶し平和な世界」の実現が願いです。五年に一度開かれるＮＰＴ再検討会議は、条約発効から五一年経過しましたが、核兵器の安全管理・軍縮が主要な目的であって核兵器の廃絶は定めていません。

新アジェンダ連合、ＩＣＡＮ、被爆者など世界の平和運動の総和が結実し、今年一月二二日、核兵器禁止条約が新たに国際条約として発効しました。

私たちに残された時間は多くありませんが、世界に約一万三五〇〇発あると言われる核兵器を、この条約を力に地球上から一掃するために生き抜く覚悟です。被爆者の思いを、一人でも多くの方たちがくみ取っていただければ幸甚です。

最後に今回の出版に当たって、天地人企画有馬三郎氏、吉田淳一氏にお力添え頂いた事に感謝申し上げます。

二〇二一年四月

上田紘治

上田紘治（うえだ こうじ）

1942年、広島市生まれ（本籍は元柳町）。原爆投下時は、爆心地の北方10kmの可部町で被爆。

東京都原爆被害者団体協議会（東友会）事務局次長／八王子市原爆被害者の会（八六九会）事務局長を歴任。

監修書　ベンガル語版被爆証言集『広島の声』（P・R・プラシド氏と共編、東洋書店、2014年）／中国語版被爆証言集『広島・長崎——今、伝えたい被爆の実相』（天地人企画、2016年）

Eメール：ueda@link.nir.jp

核兵器廃絶への思い——再び広島・長崎を繰り返すな

2021年6月15日　第1刷発行

定価はカバーに表示してあります

著　　者　上田紘治

発 行 者　有馬三郎

発 行 所　天地人企画

〒134-0081 東京都江戸川区北葛西4-4-1-202
電話/Fax 03-3687-0443　振替 00100-0-730597

装　　丁　㈲VIZ中平都紀子

印刷・製本　㈱光陽メディア

ISBN 978-4-908664-09-0 C0036